高等职业教育城市轨道交通专业系列教材

CHENGSHI GUIDAO JIAOTONG
CHELIANG XINGCHE ZUZHI YU YUNYING ZUOYE

城市轨道交通车辆行车组织与运营作业

主　编　张　江
副主编　陈　争　赵　岩

内容简介

本书以新时代新理念为主导,依据企业岗位实际需求、岗位人才需要,以项目教学、任务驱动及活页式教材的形式,阐述了城市轨道交通实际行车组织与运营作业所需的知识与技能。

本书共包含认识城市轨道交通系统、城市轨道交通系统行车组织概述、城市轨道交通信号、列车运行图与列车时刻表等十二个项目,能够充分满足高等职业院校及中等职业院校相关专业学生学习需要,也可供企业人员学习参考。

图书在版编目(CIP)数据

城市轨道交通车辆行车组织与运营作业 / 张江主编
. 一西安:西安交通大学出版社,2024.3
高等职业教育城市轨道交通专业系列教材
ISBN 978-7-5693-3724-2

Ⅰ.①城… Ⅱ.①张… Ⅲ.①城市铁路-行为组织-高等职业教育-教材 ②城市铁路-交通运输管理-高等职业教育-教材 Ⅳ.①U239.5

中国国家版本馆 CIP 数据核字(2024)第 070837 号

书　　名	城市轨道交通车辆行车组织与运营作业
主　　编	张　江
副 主 编	陈　争　赵　岩
策划编辑	曹　昳
责任编辑	张明玥　张　欣
责任校对	刘艺飞
封面设计	任加盟
出版发行	西安交通大学出版社 (西安市兴庆南路1号　邮政编码710048)
网　　址	http://www.xjtupress.com
电　　话	(029)82668357　82667874(市场营销中心) (029)82668315(总编办)
传　　真	(029)82668280
印　　刷	西安五星印刷有限公司
开　　本	787 mm×1092 mm　1/16　印张 14.25　字数 275千字
版次印次	2024年3月第1版　2024年3月第1次印刷
书　　号	ISBN 978-7-5693-3724-2
定　　价	49.80元

如发现印装质量问题,请与本社市场营销中心联系。
订购热线:(029)82665248　(029)82667874
投稿热线:(029)82668804
读者信箱:phoe@qq.com

版权所有　侵权必究

前言

城市轨道交通的发展一定程度上反映了城市的发展状况,随着我国城市化建设的推进,城市轨道交通得到了快速发展。据统计,截至 2022 年底,我国大陆地区共有 55 个城市开通了城市轨道交通,运营线路 308 条,运营总里程 1 0287.45 千米。其中,地铁运营线路 8008.17 千米,占 77.84%,其他制式城市轨道运营线路 2279.28 千米,占 22.16%。

城市轨道交通行车组织与运营作业担负着指挥列车运行、保障行车安全、提高运营服务质量、提升运营效率等重要任务,是城市轨道交通安全、高质量运营的根本保障。

遵照党的二十大精神,本书紧紧围绕"立德树人""为党育人、为国育才"总目标,立足城市轨道交通相应岗位需求,本着学以致用、学而能用的理念,以学生为中心,以成果为导向,以工作过程为依据,以项目教学、任务驱动、知识及技能相结合的形式组织内容。

本书为校企合作编写,其中,陕西铁路工程职业技术学院张江担任主编,编写项目一、项目二、项目四、项目五;西安地铁集团有限责任公司陈争担任副主编,编写项目八、项目十二;陕西铁路工程职业技术学院赵岩担任副主编,编写项目三、项目十一;陕西铁路工程职业技术学院巩友飞编写项目六、项目九、项目十;中车集团长春轨道客车股份有限公司蒲富鹏编写项目七;西南交通大学教授李芾担任主审。

本书参考中车集团、西安地铁有限责任公司及其他城市轨道交通企业运营资料,在此谨向有关专家及企业表示衷心感谢。由于编者水平有限,教材中的疏漏之处在所难免,请不吝斧正,在此深表感谢。

编者
2024 年 1 月

目录

项目一　认识城市轨道交通系统 ·· 1

 任务 1　城市轨道交通系统概念 ·· 2

 任务 2　城市轨道交通地铁车辆与轻轨车辆 ·································· 3

 任务 3　城市轨道交通系统构成 ·· 4

项目二　城市轨道交通系统行车组织概述 ····································· 14

 任务 1　认识城市轨道交通行车组织 ··· 15

 任务 2　城市轨道交通行车组织机构、组织原则及岗位职责 ·············· 17

 任务 3　行车闭塞法概述 ··· 22

 任务 4　行车闭塞管理 ·· 24

项目三　城市轨道交通信号 ·· 31

 任务 1　城市轨道交通信号系统概述 ··· 32

 任务 2　轨旁信号设备 ·· 34

 任务 3　信号灯显示 ··· 36

 任务 4　手信号显示 ··· 40

 任务 5　其他方式信号显示 ·· 46

项目四　列车运行图与列车时刻表 ·· 49

 任务 1　认识列车运行图 ··· 50

 任务 2　熟悉列车运行图的格式及图解要素 ·································· 51

 任务 3　熟悉列车运行图的分类 ·· 52

任务4　了解列车运行图编制要素 ………………………………………… 57
　　任务5　编制列车运行图 …………………………………………………… 61
　　任务6　列车时刻表 ………………………………………………………… 64

项目五　正常情况下行车组织 …………………………………………………… 67

　　任务1　城市轨道交通行车组织方式及原则 ……………………………… 68
　　任务2　正常情况下列车运行模式 ………………………………………… 69
　　任务3　行车调度指挥工作概述 …………………………………………… 73
　　任务4　调度集中控制下的行车组织 ……………………………………… 75
　　任务5　调度监督下的行车组织 …………………………………………… 76
　　任务6　正常情况下的行车组织控制模式 ………………………………… 79
　　任务7　行车调度命令 ……………………………………………………… 81
　　任务8　调度命令的接收、转抄作业 ……………………………………… 84

项目六　非正常情况下行车组织 ………………………………………………… 87

　　任务1　控制设备故障时的行车组织 ……………………………………… 88
　　任务2　信号设备故障时的行车组织 ……………………………………… 92
　　任务3　道岔故障时的行车组织 …………………………………………… 99
　　任务4　轨道电路故障时的行车组织 ……………………………………… 105
　　任务5　故障案例 …………………………………………………………… 109

项目七　车站行车组织 ……………………………………………………………… 112

　　任务1　车站分类 …………………………………………………………… 113
　　任务2　车站行车技术设备 ………………………………………………… 115
　　任务3　车站行车作业 ……………………………………………………… 120

项目八　车辆段行车组织 ………………………………………………………… 125

　　任务1　认识车辆段 ………………………………………………………… 126
　　任务2　了解车辆段区域分类及工作内容 ………………………………… 128

  任务 3　熟悉车辆段检修装备 ………………………………………………… 133
  任务 4　熟悉车辆段行车作业组织 ……………………………………………… 137
  任务 5　了解车场接发列车作业 ………………………………………………… 141
  任务 6　熟悉车辆段调车作业 …………………………………………………… 144

项目九　特殊情况下列车行车组织 ………………………………………………… 149
  任务 1　救援调车作业 …………………………………………………………… 150
  任务 2　列车退行作业 …………………………………………………………… 155
  任务 3　应急扣车作业 …………………………………………………………… 158
  任务 4　有车线接车作业 ………………………………………………………… 160
  任务 5　列车过轨作业 …………………………………………………………… 161

项目十　行车事故分类与调查处理 ………………………………………………… 175
  任务 1　行车事故处理准则和分类 ……………………………………………… 176
  任务 2　行车事故的调查处理 …………………………………………………… 179

项目十一　施工作业及工程列车开行 ……………………………………………… 183
  任务 1　施工作业基础知识 ……………………………………………………… 184
  任务 2　施工计划的制定 ………………………………………………………… 187
  任务 3　施工管理 ………………………………………………………………… 188
  任务 4　施工组织 ………………………………………………………………… 192
  任务 5　工程列车的开行 ………………………………………………………… 196

项目十二　城市轨道交通运营作业 ………………………………………………… 201
  任务 1　行车运营准备 …………………………………………………………… 202
  任务 2　运营抢修作业 …………………………………………………………… 207
  任务 3　运营设备运用 …………………………………………………………… 211
  任务 4　特殊情况运营 …………………………………………………………… 212

附录　城市轨道交通常用名称或定义 ……………………………………………… 215

项目一　认识城市轨道交通系统

项目描述

城市轨道交通是现代城市交通的重要组成部分,其运营与服务质量反映了城市发展水平。本项目主要介绍城市轨道交通概念、地铁与轻轨区别、城市轨道交通系统组成等内容。

学习目标

(1)掌握城市轨道交通概念。
(2)掌握城市轨道交通地铁与轻轨的区别。
(3)了解城市轨道交通系统组成。
(4)了解城市轨道交通车站组成。

素质目标

(1)通过了解国家城市轨道的发展,培养学生热爱祖国的精神,努力在建设中国特色社会主义新征程中贡献力量。
(2)通过学习城市轨道概念与特点,加强学生的环保意识,推进美丽中国建设。
(3)通过学习轨道交通的新技术,培养学生热爱科学的品质。

能力目标

(1)能够说出城市轨道交通的主要特点。
(2)能够说出地铁车辆与轻轨车辆的主要区别。
(3)能够区分所在城市轨道交通车站的类型。
(4)能够判断所在城市的轨道供电方式。

任务 1　城市轨道交通系统概念

任务目标

(1)掌握城市轨道交通概念。
(2)了解城市轨道交通运用与布置特点。

学习内容

城市轨道交通系统是指服务于城市客运交通,通常以电力为动力,以轮轨运行方式为特征的车辆或列车与轨道等各种相关设施的总和。它具有运能大、速度快、安全准时、成本低、节约能源、乘坐舒适方便,能缓解地面交通拥挤和有利于环境保护等优点,常被称为"绿色交通"。

城市轨道交通系统是一个复杂、技术密集型的城市公共交通系统,它采用轨道进行承重和导向,需要铺设固定轨道,采用固定线路,配备车辆及车站等公共设备。受城市空间限制,城市轨道交通系统通常设置在地下或高架桥上,因而通常为全封闭或部分封闭的专用轨道线路,如图 1.1 所示。

图 1.1

小贴士

截至 2024 年 4 月,31 个省(自治区、直辖市)和新疆生产建设兵团共有 54 个城市开通运营城市轨道交通线路 310 条,运营里程 10273.7 公里[①],其中,地铁、轻轨、市域快速轨道等大运量线路共 270 条,运营里程 9576.4 公里;单轨、磁浮等中运量线路共 7 条,运营里程 202.5 公里;有轨电车、自动导向轨道等低运量线路共 33 条,运营里程 494.8 公里。

---

① 公里同千米。

任务 2　城市轨道交通地铁车辆与轻轨车辆

任务目标

(1) 掌握城市轨道地铁车辆特点。
(2) 掌握城市轨道轻轨车辆特点。
(3) 掌握地铁车辆与轻轨车辆的区别。

学习内容

1. 地铁车辆特点

(1) 载客能力强,大型地铁车辆容量可达 350 人/辆。
(2) 动力性能好、速度快、加速能力强、制动效果好。
(3) 安全可靠性高,运行安全、正点、快速。
(4) 环境条件好,有良好的旅客服务设施,能使乘客感到舒适、文明、方便。
(5) 灵活的牵引特征,可根据不同的线路特征,采用不同的牵引方式。
(6) 环保、污染小、节能。
(7) 车辆牵引动力常采用电力牵引,有良好的牵引、制动性能。

2. 轻轨车辆特点

(1) 列车运行使用自动化信号系统。
(2) 列车运行使用专用轨道和车站。
(3) 列车运行最高时速为 80 km。
(4) 列车最大编组为 4 节。
(5) 轻轨线路单向每小时运量为 1～3 万人。

3. 地铁车辆与轻轨车辆区别

(1) 车型不同,根据国际标准,目前城市轨道交通列车有 A、B、C 3 种型号,其对应的列车宽度为 3 m、2.8 m、2.6 m;地铁主要为 A 型或 B 型列车,使用 5 到 8 节编组。对于轻轨而言,主要为 C 型列车,使用 2 到 4 节编组。
(2) 载客量不同,轻轨属于中运量系统,高峰时期的载客量为每小时 1～3 万人;地铁属于大运量系统,每辆列车的编组数量明显超过轻轨,高峰时期的载客量为每小时 3~6 万人。

(3)轴重不同,地铁的轴重基本超过 13 t;轻轨的轴重一般小于 13 t。

(4)曲线半径不同,轻轨曲线半径通常处于 100~200 m;地铁曲线半径通常不小于 300 m。

无论是地铁还是轻轨,都能够在高架桥、地面或者地下进行修建。虽然地铁的轴重超过轻轨,但为了有效提升轨道的稳定性,从而有效减少后期维修及养护的工作量,减少杂散电流及提升回流断面,一般地铁和轻轨都倾向于使用重型钢轨。轻轨如图 1.2 所示。

图 1.2

任务 3 城市轨道交通系统构成

任务目标

(1)掌握城市轨道交通系统组成。

(2)掌握城市轨道交通线路分类及结构组成。

(3)掌握城市轨道交通不同线路的应用。

(4)了解城市轨道交通车站设备构成。

学习内容

城市轨道交通系统是一个庞大而复杂的系统,技术层面涵盖计算机、建筑、机械、自动控制、通信信号等领域。从运营功能看,城市轨道交通设施、设备有三大系统:列车运行系统、客运服务及安全保障系统、检修系统。

(1)列车运行系统:车站、线路、车辆、牵引供电、通信、信号等。

(2)客运服务及安全保障系统:车站照明、自动扶梯、自动售检票设备等;广播、导向及乘客信息系统;消防、乘客监视、防灾报警系统;车站通风与噪声控制系统;车站站台屏蔽门及车站空调服务设施等。

(3)检修系统:为保障行车安全、客运设备良好运行,保证乘客安全运输工作不间断地进行而设置的检修设施及设备,如停车机、架车机、洗车设备等。

在实际应用中,城市轨道交通运营企业通常将各系统按专业分类,使设施设备的分类与各专业单位相对应,以便日常工作和管理。

1. 线路

(1)线路组成。线路通常由钢轨、道床、路基3部分组成。轨道线路可铺设在隧道、高架桥和地面。

按照行车组织的要求,各车站可根据行车要求设置不同用途的线路,采用不同类型的钢轨、轨枕、道岔等,如图1.3所示。

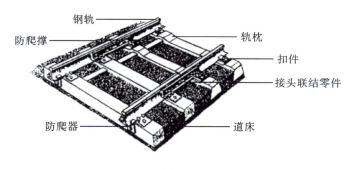

图1.3

(2)线路分类。线路按其在运营中的作用分为正线、辅助线(折返线、渡线、联络线等)、车厂线。城市轨道交通运营正线一般采用60 kg/m的钢轨,车厂线采用50 kg/m的钢轨,正线采用焊接型长钢轨。高架线路可采用整体道床也可采用碎石道床;地面一般采用碎石道床,对路基进行强度处理,并通过采用高性能的弹性扣件以减轻列车运行时的振动和噪声。标准直线轨距为1435 mm。

①正线:连接车站并贯穿或直股伸入车站的线路。正线为载客运营线路,包括区间正线和车站正线。正线中车站两端墙间内方的线路为站内线路,简称站线。相邻车站相邻端墙间的线路范围称为区间。正线如图1.4所示。

城市轨道交通线路的正线一般为全封闭线路,按双线设计,采用右侧行车制。正线与其他交通线路相交时,一般采用立体交叉线路。

图 1.4

②辅助线:为保证正线运营而配置的线路,一般为列车提供折返、停放、检查、转线及出入段作业。辅助线包括折返线、渡线、联络线、出入段线、存车线等。

a. 折返线。折返线是在线路两端终点站或中间站,为能开行折返列车而设置的专供改变列车运行方向的线路。城市轨道交通线路中,全线的客流分布一般不太均匀,通常需要根据行车交路的要求,在终点站与中间车站或中间站与中间站之间开行折返列车,这些可折返的车站需配置折返线。折返线的形式应能满足折返能力的要求。常见的折返线形式如图 1.5 所示。

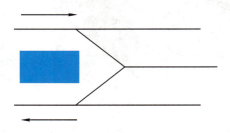

图 1.5

b. 渡线。渡线可满足改变列车进路的需要,也可改变列车运行方向。但在中间站利用渡线进行区间列车折返时,需占用正线进行作业,故对行车组织要求十分严格,且列车运行间隔时间受其制约将加大,导致线路通行能力下降,安全可靠方面存在隐患。所以,在列车运行速度较高、运行间隔时间较短、运量较大的线路不宜采用渡线作为折返方式。常见的渡线形式如图 1.6 所示。

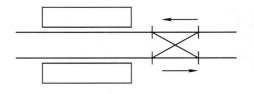

图 1.6

c.联络线。在城市轨道交通网络中,同种制式的线路实现列车过轨运行,一般通过线与线之间的联络线实现,联络线的位置在路网规划中确定,如图1.7所示。

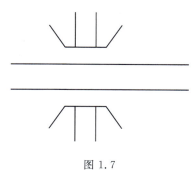

图 1.7

d.出入段线。出入段线是从车辆段到运营正线之间的连接线。车辆段出入线可设计为单线或双线,平交或立体交叉线路,具体方案要根据具体地理条件和线路通过能力的需要来确定。

思政元素

> 新时代全国人民将高举中国特色社会主义伟大旗帜,全面贯彻习近平新时代中国特色社会主义思想,弘扬伟大建党精神,自信自强、守正创新、踔厉奋发、勇毅前行,为全面建设社会主义现代化国家、全面推进中华民族伟大复兴而团结奋斗。中国轨道交通新发展局面得益于党的正确领导,得益于轨道交通人自信自强、踔厉奋发、勇毅前行的努力。

2. 车站

1)城市轨道交通车站的概念

城市轨道交通车站是乘客乘降、换乘和候车的场所,也是列车到发、通过、折返、临时停车的地点。

2)城市轨道交通车站分类

(1)城市轨道交通车站按车站与地面的相对位置分类一般可分为地下车站、地面车站、高架车站,如图1.8所示。

图 1.8

①地下与地面站。地下站一般由地面出入口、中间站厅、地下站台 3 个部分组成。地面出入口是车站的门户,客流集疏的第一通道。为了不占用地面空间,地下车站的中间站厅一般设在地下一层,其主要功能:集散客流、售检票、设置管理与设备用房。地下站台设在地下二层,是供列车停靠、乘客乘降的功能层。其由站台与线路、乘降设备等组成,如图 1.9 所示。

图 1.9

②高架车站。高架车站一般位于中心城市外。线路多建于城市道路中心线上方,也可建在绿化隔离带上,从人行道进入高架车站的楼梯、天桥可兼作过街人行天桥。由于道路面积有限,可将设备用房建在路边,如图 1.10 所示。

图 1.10

（2）城市轨道交通车站按站台形式分类可分为岛式站台，侧式站台，岛、侧混合式站台。

①岛式站台：位于上、下行行车线路之间。

②侧式站台：位于上、下行行车线路的两侧。

③岛、侧混合式站台：将岛式站台及侧式站台同设在一个车站内。

三种站台形式如图 1.11 所示。

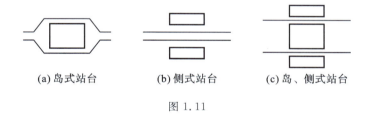

(a) 岛式站台　　　　(b) 侧式站台　　　　(c) 岛、侧式站台

图 1.11

3. 车辆

城市轨道交通运输系统是由各种先进的设施、设备组成的，行车设备主要由车辆、线路、车站、车场、轨道、地面信号、列车自动控制系统、通信系统、供电设备及机电设备构成。只有掌握这些行车设备的基本知识，才能更好地利用这些设备来确保行车安全。

1）定义

车辆是城市轨道交通系统完成乘客运输任务的工具，同时也是整个城市轨道交通系统中最关键、技术含量高且集中的机电设备。

2）城市轨道交通车辆分类

（1）城市轨道交通车辆按牵引动力配置分类可分为动车和拖车。

动车（motor, M）：车辆本身具有动力装置，有牵引和载客双重功能。带受流装置的动车常用 Mp 表示，不带受流装置的动车用 M 表示。

拖车(train,T)：本身不带动力装置，需要动车拖动的车辆，仅有载客功能。设有司机室的拖车用 Tc 表示，未设司机室的拖车用 T 表示。

(2)城市轨道交通车辆按车体制作材料分类可分为碳素钢车体、不锈钢车体、铝合金车体。

(3)城市轨道交通车辆按受电制式分类一般分为 750 V 直流和 1500 V 直流，第三轨受流有直流 750 V 和直流 1500 V 2 种，架空线接触网供电一般是直流 1500 V。1500 V 直流供电的优点是可提高牵引电网供电质量，降低迷流数值，增加牵引供电距离从而减少牵引变电所数量，便于地铁线路实现地下、地面和高架的联动。

(4)城市轨道交通车辆按牵引控制系统分类可分为直流变阻车、直流斩波调压车、交流变压变频车和直线电机变频变压车。

(5)城市轨道交通车辆按车辆规格分类可分为 A、B、C 三类车型。车型区分的根本依据是车体宽度。A 型车车体基本宽度为 3 m，轴重最大 16 吨，载客量最大，其最大载客量正常状况下为 310 人/辆。B 型车车体基本宽度为 2.8 m，其最大载客量正常状况下为 240 人/辆。C 型车车体基本宽度为 2.6 m，其最大载客量正常状况下为 220 人/辆。一个城市的地铁车辆的选用，主要是根据地铁规划和线路客流及运营成本和车辆的维修等因素综合考量的。方案初定后，要经国家有关部委审查通过后才能确定。

(6)城市轨道交通车辆根据功能的不同，分为客车和工程车两种。

①客车。客车型号和技术参数不仅是确定线路技术标准的基础，也是确定系统运营管理模式和维修方式的基本条件，而且还是系统设备选型和确定设备规模的重要依据。城市轨道交通车辆的类型不同，其技术参数也不同，但其结构基本相同。一般城市轨道交通车辆由车体、车门、车钩缓冲装置、转向架、制动装置等组成。图 1.12 所示为上海高速磁悬浮列车。

图 1.12

②工程车。在城市轨道交通车辆中还有一种工程车辆，它的作用是维护线路设备设施，并承担突发事件处理、事故救援等工作。工程车(图 1.13)按照用途不同可分为内燃机牵引车、轨道牵引车、接触网线车、起重车、清扫车、平板装卸车等。

图 1.13

4. 供电系统

城市轨道交通系统由电力驱动,因此供电系统是列车运行的动力来源。保证电力系统运行正常是行车组织工作的关键组成。

城市轨道交通供电系统由城市电网经高压输电网(110 kV)供电,城市电网是城市轨道交通供电系统的外部电源。

城市轨道交通的供电方式(图 1.14)主要有集中式供电、分散式供电和混合式供电 3 种。

集中式供电是沿城市轨道交通线路,根据用电容量和线路的长短设置专用的主变电所,把 110 kV 的电压引入主变电所,由主变电所给城市轨道交通系统供电。

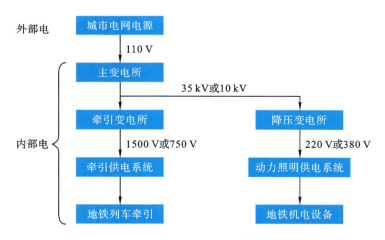

图 1.14

分散式供电则是城市轨道交通线路沿线直接由城市电网引入多路电源,电源电压一般为 10 kV,给牵引变电所供电。

混合式供电是集中式和分散式的混合,以集中式供电为主,个别地段引入城市电网电源作为集中式供电的补充,使电网系统更加完善和可靠。

在城市轨道交通系统内部,可以经主变电所降压后把 110 kV 高压电变成 35 kV 或 10 kV 中压电,为牵引变电所、降压变电所提供中压电源;也可以直接从城市电网引入 10 kV 的电压给牵引变电所、降压变电所供电。经牵引变电所降压、换流（转换为直流电）后，牵引供电系统向运行在城市轨道交通线路上的车辆供电；动力及照明供电系统则将交流电压（35 kV 或 110 kV）经降压变电所变为 220/380 V 电压，为运营需要的各种机电设备、照明设备提供电源。

5. 信号系统

城市轨道交通信号系统的作用是指挥行车，确保行车安全，提供高效率运输服务，改善行车有关人员的工作条件。

城市轨道交通信号系统已经不是传统意义上的简单的信号显示。随着通信技术、计算机技术和控制技术的飞速发展，城市轨道交通信号系统已经发展成一个具有列车自动防护（ATP）、列车自动驾驶（ATO）和列车自动监控（ATS）等功能的综合自动化系统。

城市轨道交通信号系统通常由列车自动控制系统（ATC）和车辆段信号控制系统两部分组成，其系统框图如图 1.15 所示。城市轨道交通信号系统用于实现列车进路控制、列车间隔控制、调度指挥、信息管理、设备工况监测及维护管理等。

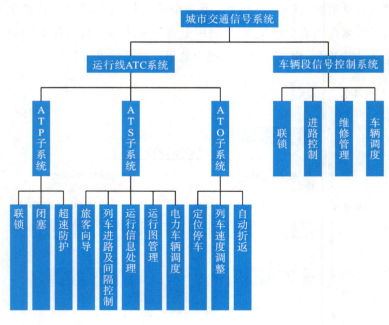

图 1.15

6. 通信系统

城市轨道交通的通信系统是指挥列车运行的重要手段，城市轨道交通的特点是客流密集、运输繁忙。为保障行车安全，实现快速、高效、准时的优质服务，必须设置完善、可靠的内部专用通信系统。

城市轨道交通的通信系统包括：①光纤数字传输系统；②电话交换系统；③闭路电视监控系统；④无线通信系统；⑤车站广播系统。

这些系统共同服务于城市轨道交通的列车运行调度指挥、旅客信息广播、系统运行状况监控等，是实现运输集中统一指挥、行车调度自动化、列车运行自动化的有效手段。

小贴士

智慧公共交通系统包括：智慧运行检测系统、智慧管理平台、数字化综合管理平台、智慧城市天气管理系统、综合应急智慧系统等。

知识拓展

轻轨线路一般采用轻轨 C 型车，轻轨 C 型车适用于中小运量的城市轨道交通系统。城市轨道交通中常采用中型铁路系统，路面电车每小时可载客约 7000 人。C 型车 6 辆编组时单向运能可达到每小时 1～3 万人次，不同线路运营速度等级有 80 km/h、100 km/h、120 km/h。

想一想

1. 城市轨道交通的主要行车设备有哪些？
2. 城市轨道交通有哪些主要特点？
3. 地铁与轻轨有哪些主要区别？
4. 城市轨道有哪些线路类型？它们都分别运用在哪些地方？
5. 地铁车站有哪些类型？
6. 城市轨道有哪些类型车辆？
7. 如何实现城市轨道交通的供电？
8. ATC 属于城市轨道的什么系统？

练一练

组织同学参观城市轨道交通车辆段，了解车辆段组织结构、认识城市轨道交通线路及设备。

项目二 城市轨道交通系统行车组织概述

项目描述

城市轨道交通行车必须在科学的管理方式与严谨的组织保障中进行,否则,列车运行将存在巨大安全隐患。本项目主要介绍城市轨道交通行车组织概念、行车组织主要标准、行车组织特点、城市轨道交通行车闭塞法及交通信号系统。

学习目标

(1)掌握城市轨道交通行车组织概念。
(2)了解城市轨道交通行车组织的主要要求。
(3)掌握城市轨道交通行车组织特点。
(4)掌握城市轨道交通行车闭塞法。
(5)掌握城市轨道交通信号系统。

素质目标

(1)培养学生铁道安全意识,努力建设平安中国。
(2)培养学生岗位责任意识,坚持问题导向,强化责任意识。
(3)为学生树立组织意识,使学生坚持党的领导,遵章守纪。
(4)培养学生严谨细致工作作风,强化"工匠"意识。

能力目标

(1)能够说明城市轨道交通行车组织概念与特点。
(2)能够说明城市轨道交通行车闭塞组织类型及组织方法。
(3)能够说明城市轨道交通行车组织岗位主要职责。
(4)能够说明闭塞行车信号含义。

任务 1　认识城市轨道交通行车组织

任务目标

（1）掌握城市轨道交通行车组织概念。
（2）了解城市轨道交通行车组织要求。
（3）掌握城市轨道交通行车组织特点。

学习内容

1. 城市轨道交通行车组织概念

城市轨道交通行车组织就是采用各种技术手段，保证列车运行系统、客运服务系统、检修保障系统的设置和设备正常运转，从而安全、舒适、快速、准时、便利地运送乘客，满足乘客的出行需要。

2. 城市轨道交通行车组织要求

行车组织是城市轨道交通系统完成其运营任务的核心，它担负着指挥列车运行、保证行车安全、提高运输效率的重要任务。其好坏直接影响乘客运输任务的完成情况。城市轨道交通固定线路、轨道导向，客运量大的特性，对城市轨道交通行车组织提出了很高的要求，主要表现在以下5个方面。

1）安全性要求高

由于城市轨道交通地下部分隧道部分空间小，行车密度大，故障排除难度大，若发生事故难以救援，损失将非常严重，所以要对行车安全的保障提出更高的要求。

2）通过能力要求大

城市轨道交通一般不设站线，进站列车均停在正线上，先行列车停站时间直接影响后续列车接近车站的时间，所以要求信号设备必须满足通过能力的要求。另外，不设站线使列车正常运行的顺序是固定的，有利于实现行车调度自动化。

3）可靠性要求高

由于城市轨道交通隧道净空小，且装有带电的接触轨或接触网，行车时不便维修和排除设备故障，所以要求信号设备具有高可靠性，应尽量做到平时不维修或少维修。

4）自动化程度要求高

城市轨道交通站间距短，列车密度大，行车工作十分频繁，工作条件差，所以要求尽量采用自动化程度高的先进技术设备，以减少工作人员的数量，并减轻工作人员的劳动强度。

5）限界条件苛刻

城市轨道交通的室外设备及车载设备，受土建限界的制约，要求设备体积小，同时必须兼顾施工和维护作业空间。

3. 城市轨道交通系统行车组织特点

城市轨道交通对行车组织工作的 5 大要求，决定了城市轨道交通行车组织工作必须具备以下 5 大特点。

1）具有完善的列车速度监控功能

城市轨道交通所承担的客运量巨大，对行车间隔的要求远高于铁路，最小行车间隔达到 120 s 甚至更小，因此对列车运行速度监控的要求极高。

2）联锁关系较简单

城市轨道交通的大多数车站没有配线，不设道岔，甚至也不设地面信号机，仅在少数有道岔联锁站及车辆段才设置道岔和地面信号机，故联锁设备的监控对象少，除折返站外的其他车站的全部作业均为乘客乘降，非常简单。通常一个调度控制中心即可实现全线联锁控制功能。

3）联锁技术要求高

城市轨道交通信号自动控制最大的特点是把联锁关系和列车运行保护系统的编/发码功能结合在一起，且包含一些特殊的功能，如自动折返、自动进路、紧急关闭、扣车等，增加了技术难度。

4）车辆段独立采用联锁设备

城市轨道交通车辆段类似于铁路区段站的功能，包括列车编解、接发列车和频繁调车作业，线路较多，道岔较多，信号设备较多，一般独立采用联锁设备。

5）行车调度自动化水平高

由于城市轨道交通线路长度短，站间距离短，列车种类较少，行车规律性强，因此，其调度系统中通常包含自动排列进路和运行自动调整的功能，自动化强度高，人工介入少。

小贴士

乘客上下列车用时影响因素：
①车站乘客数量；
②车辆车门数量、车门宽度、车厢内座椅布置及站台长度；
③车站客运组织措施；
④车辆开关车门时间标准。

知识拓展

城市轨道交通主要采用集中式供电、分散式供电、混合式供电三种方式。集中式供电是沿城市轨道交通线路，根据用电容量和线路长短设置专用主变电所，由主变电所给城市轨道交通系统供电。分散式供电则是城市轨道交通线路沿线直接由城市电网引入多路电源，电源电压一般为 10 kV，给牵引变电所供电。混合式供电是集中式与分散式的混合，以集中式供电为主，个别地段引入城市电网电源作为集中供电的补充。

任务 2　城市轨道交通行车组织机构、组织原则及岗位职责

任务目标

(1) 了解城市轨道交通行车组织机构。
(2) 掌握城市轨道交通行车组织原则。
(3) 了解城市轨道交通行车组织岗位职责。

学习内容

1. 城市轨道交通行车组织机构

城市轨道交通运营指挥机构一般分为一、二两级指挥，二级服从一级。一级指挥：行车调度员（行调）、供电调度员、环控调度员、客运调度员、设修调度员；二级指挥：值班站长、信号楼调度员。各级指挥根据各自职责独立开展工作，服从运营控制中心值班主任总体协调指挥。

行车组织工作，如图 2.1 所示。

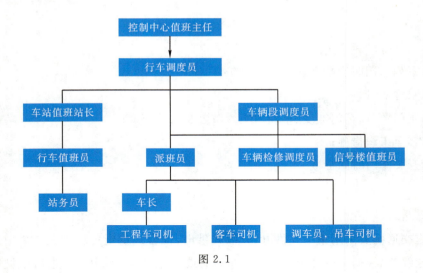

图 2.1

2. 城市轨道交通组织原则

为统一指挥日常运输工作,行车组织工作必须坚持"高度集中、统一指挥、逐级负责"的原则。每级都应严格执行上级的调度指挥命令,具体如下:

①行车调度员统一指挥各调度区间;

②每一个调度区间由该区间值班行车调度员统一指挥;

③车站由本站值班站长统一指挥;

④车辆段由车场调度员统一指挥,派班员根据行车计划安排司机工作;

⑤列车由本列车当班值乘司机负责指挥;

⑥列车在车站时,乘务人员应遵从车站值班站长指挥进行工作。

3. 岗位工作人员的职责

1)行车调度员

行车调度员是列车运行的组织者和指挥者,担负着指挥列车运行、贯彻安全生产、实现列车运行图、完成运输计划的重要任务。行车调度员对列车的安全运营起着决定性的作用,因此城市轨道交通运营企业对行车调度员的要求也是非常严格的,不仅需要扎实的专业知识,还需要具备较强的分析问题能力、处理问题能力、反应能力、沟通能力等。

(1)行车调度员的主要职责。

行车调度是一个调度区段行车工作的指挥者,负责监控列车的运行状况,及时掌握列车运行、到发情况,发布调度命令,检查各站、段执行和完成行车计划情况,并且在列车晚点或出现事故时,组织和指挥车站工作人员、列车乘务员,以及相关的各个部门及时采取相应措施,尽快恢复列车运行,减少运营损失。具体职责如下:

①指挥各部门、各工种严格按照列车运行图的规定和要求行车。

②组织列车到发和途中运行，监控列车行车和设备运转状况。

③根据客流变化及时调整列车开行计划。

④列车晚点、运行秩序紊乱时，应通过自动或人工调度，尽快恢复按图行车。

⑤发生行车事故时，应按照规定立即向上级和有关部门报告，迅速采取救援措施，最大限度减少人员伤亡，降低事故损失，防止事故升级，及时恢复列车的正常运行。

⑥安排各种检修施工作业。

(2) 行车调度员可以采用的运行调整措施。

城市轨道交通在双线行车时，正常情况下是按右侧单方向运行，列车运行以闭塞分区作间隔。但是，列车运行的条件随时都可能发生变化，例如客流有增有减、列车可能发生晚点等，这些都需要采取相应的运行调整措施。当区间或车站发生事故时，更要及时防止事故扩大并组织救援，这些都要求在日常的运输工作中根据情况的变化，采取调整措施，使列车尽可能按图运行，这些工作主要由行车调度员来完成。行车调度员是控制中心所辖线路调度区间行车工作的最高指挥官。行车调度员可以采取的运行调整措施有以下几种：

①在始发站提前或推迟发出列车。

②加开、停运列车，备用列车替换或变更列车运行交路。

③组织列车加速运行，恢复正点。

④组织车站加速作业、压缩停站时间。

⑤组织列车在某些车站不停车。

⑥组织列车在具备条件的中间站折返运行。

⑦扣车。

⑧调整列车运行时间间隔。

2）车站值班站长

车站行车组织工作要严格遵守城市轨道交通技术管理规程、车站行车工作细则等有关规定，按一定程序进行一系列接发列车作业。车站行车组织工作由车站值班站长统一指挥。

城市轨道交通车站的值班站长服从控制中心行车调度员的生产指挥，对本站的行车、客运、票务、培训及人员管理等具体事务进行管理和落实。值班站长需要掌握车站的近期工作计划、生产计划及当天的生产工作重点，制订工作措施，合理组织和开展工作，对持续性工作做好交接班，并跟踪其完成情况。

当车站发生设备故障或紧急情况时，值班站长担任事故处理主任，指挥现场人员按照应急处理预案的要求进行处理。值班站长在日常工作中要负责管理本班工作人员。对车站值班员、站务员的工作进行监督、检查、指导和考评管理，对维修人员、商铺人员、施工人员等外单位人员进行属地管理。

3）行车值班员

行车值班员主要负责车站的行车工作，包括监控列车运行情况，管理行车备品，监控车站各类设备运行状态，进行施工管理，接收、传达和执行调度命令，将各类信息向相关部门汇报等。行车值班员是所在车站行车工作的最高指挥官。

4）客车司机

客车司机负责列车的运行工作，依据列车运行计划的要求，根据行车调度员的指示完成列车驾驶工作，并使列车在各车站完成乘客乘降作业。客车司机的主要职责如下：

①按运营图的要求安全地驾驶列车，负责客车在正线上的运营。

②配合车辆段内的车辆调试、验收、保养等工作。

鉴于客车司机在整个运行过程中的重要作用，城市轨道交通管理部门往往会规定客车司机上岗值乘的必要条件，例如：

①客车司机必须经过考试，考试合格并取得"电动列车驾驶证"后方准独立驾驶电动列车。

②脱离驾驶岗位 6 个月以上，如再需驾驶列车，必须对业务知识和安全运行知识等进行再培训与考核，合格后才能上岗。

③客车司机必须了解列车的基本构造、性能，具有一定的故障处理能力，熟悉运行线路和停车场等基本设施情况。

④客车司机必须掌握其他相关的业务能力和一定的应变能力，如懂得救援的方法、消防灭火的要求、扑灭初期火灾的方法、常用灭火器的使用方法等。

⑤客车司机必须牢记"安全第一，便民第一"的宗旨，遵守和学习有关的安全规定和运行规则，严格按照安全制度、行车规则执行乘务驾驶任务。

客车司机工作场景如图 2.2 所示。

图 2.2

5）车场调度员

车辆段的车场调度室设车场调度员，其职责如下：

①统一指挥车辆段内的行车组织工作。

②全面负责并组织实施客运、机车车辆转轨和去送作业。
③组织实施调试作业、列车出入车辆段作业。
④合理、科学地调配人员、机车车辆。
⑤协调安排车辆段内行车设备、消防设备及库房设备的检修维护。
车场调度员是车辆段行车工作的最高指挥官。

6）信号楼值班员

车辆段设信号楼值班室，值班室设置值班员和助理值班员各 1 名，隶属于车场调度员管理。信号楼值班员的主要职责如下：
①接收并执行行车调度员的接发列车、调车作业计划。
②负责车辆段内行车指挥、进路排列和列车接发工作。
③操控微机设备，实现微机联锁设备的功能。

7）车辆检修调度员

车辆检修调度员的主要职责如下：
①全面负责车辆的计划维修、故障抢修、事故处理，以及调试、改造作业安排及其组织实施，监视所有车辆技术状态，提供运行图所规定的列车数上线服务，并确保其状态良好，符合有关规定。
②负责车辆检修内务管理，并协调、调配车辆段各中心的生产任务。

8）派班员

车辆段的值班室设派班员，由于派班员通常还要负责司机等人的出勤统计工作，所以派班员也称为派班统计员。其主要职责：
①安排司机出勤、退勤。
②编制、实施司机的排班计划。
③遇突发事件时及时调整交路，安排好司机的出勤、派班工作。
④负责与车辆检修调度员交接检修列车及运用列车，与出/退勤司机交接运营列车，向行车调度员通报司机配备情况。
⑤管理司机日常事务，检查各项管理制度和作业安全规定的落实情况。

9）调车员和工程车司机

车辆段调车作业时，调车员负责机车车辆移动的现场指挥，通常由工程车司机或副司机担任。工程车司机的工作安排及主要职责如下：
①工程车开行时，有两名司机，一名司机负责驾驶列车，另一名司机担任车长；
②工程车开行时，车长负责指挥列车运行，检查、监视车辆调车作业的安全。
在不同城市的城市轨道交通系统中，人员岗位设置稍有不同，比如北京地铁设综控员岗，代替行车值班员岗。

> **小贴士**
>
> 城市轨道交通为了实现安全、正点行车,城市轨道交通企业进行不间断指挥与监督,有序组织运营。城市轨道交通运营企业一般设立不同级别的调度控制中心(OCC),各轨道交通系统可根据需要设立不同调度岗位,但在调度中心一般都设置有行车调度员、环控调度员、电力调度员和设备维修调度员。

知识拓展

城市轨道调度员应具有什么样的素质呢?

(1)调度员必须具备适应岗位要求的政治素质,拥有坚定的政治方向及立场,对问题具有判断能力。

(2)调度员还应具有较强的心理素质、业务素质,能负责日常行车调度及突发情况下的应急指挥。

(3)调度员要有团队协作等多方面专业素养,要能控制自己情绪和行为。

任务 3　行车闭塞法概述

任务目标

(1)掌握行车闭塞法概念。
(2)掌握区间行车组织基本方法。
(3)了解行车闭塞区间划分方法。

学习内容

1. 行车闭塞法概念

为了确保列车在区间内的运行安全,列车由车站向区间发车时,必须确认区间内没有列车,并需遵循一定的规律组织行车,以免发生列车正面冲突或追尾等事故。这种为确保列车在区间运行安全,在组织列车运行时,通过设备或人工控制,使连续发出列车保持一定间隔距离安全行车的办法,称为行车闭塞法,简称闭塞。

2. 区间行车组织的基本方法

为了保证轨道车辆的安全运行,就得设法把两轨道车辆分开。目前,普遍采用隔离法。隔离法共有两种。一种是空间间隔法,一种是时间间隔法。在正常情况下,一般采用空间间隔法。

空间间隔法:在轨道交通正线上每隔相当距离设立一个车站、自动闭塞通过信号机,把正线划分为若干个区间,在同一时间、同一空间只准许一个轨道车辆运行的办法。

时间间隔法:实际上是一种不确切的空间间隔法。即在一个区间内,用规定的时间将同方向运行的轨道车辆彼此间隔开运行,以达到轨道车辆之间的空间间隔。时间间隔法容易发生人为的行车事故,安全性较差。所以,时间间隔法不能确保行车安全,原则上不采用该方法,只有在特殊情况下(如临时性的缓和轨道车辆堵塞、事故起复后的车流疏散、一切电话中断时的行车等)采用。

3. 闭塞区间的划分

区间与站内的划分,是行车组织工作的一项重要内容,也是划定责任范围的依据。列车进入不同地段时必须取得相应的凭证或准许,在我国,列车占用区间的凭证通常为车站出站信号机的准许显示。在城市轨道交通线路上采用的闭塞方式不同,闭塞区间的划分也不相同,如图2.3所示。

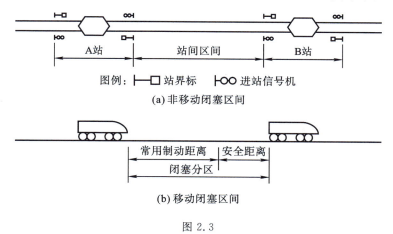

图 2.3

影响车站间隔时间的因素有以下几种:
(1)列车运行速度。
(2)信号、联锁、闭塞设备类型。
(3)接近车站线路纵断面情况。
(4)车站办理作业时间。
(5)行车组织方法。

知识拓展

早期铁路开始行车时,是由铁路职工骑马在前面引导列车运行。为了醒目,他们戴着礼帽,身穿黑色大衣和白色裤子,用手信号指挥列车前进或停止。当时铁路仅限于白天行车,列车很少,速度大约为 6～16 km/h,所以由人骑马来指挥,安全上没什么问题。

后来,列车数多了,速度也快了,骑马已跑不过火车,跟在火车后面打信号没有意义。为了确保安全,人们开始研究固定的信号设备:用一块长方形的板子,横向线路是停车信号,顺向线路是进行信号。可是顺向线路的板子实际上很难看见,所以又在顶端加块圆板。当必须在晚间开车时,就以红色灯光表示停车信号,白色灯光表示进行信号。

随着列车速度不断提高,要求从远方能准确看到信号显示。人们发现,在面积相等的情况下,长方形和圆形、方形和相比,能被最远看到。因此,1841 年英国人戈里高利提出用长方形臂板作为信号显示,装设在伦敦桥车站。这是铁路上首次使用的臂板式信号机。这种臂板式信号机有两种显示:水平位置表示停车信号,向下倾斜 45 度表示进行信号。夜间仍用红色灯光表示停车,用白色灯光表示进行。但是,后来发现白色灯光容易和铁路附近的家用灯光混淆,就改用了绿色灯光。

任务 4　行车闭塞管理

任务目标

(1)掌握站间闭塞组织方法及运用。
(2)掌握电话闭塞概念及运用。
(3)掌握半自动闭塞特点。
(4)掌握自动闭塞组织方法。
(5)了解装备列车运行控制系统的自动闭塞组织方法。

学习内容

闭塞就是用信号或凭证来保证列车按照空间间隔运行的技术方法。空间间隔是前行列车和追踪列车之间必须保持一定距离的行车方法。从不同的角度可以将闭塞分成不同类,一般分为站间闭塞和自动闭塞两大类。

1. 站间闭塞

站间闭塞就是两站间只能运行一列车,列车空间间隔为一个站间。按技术手段和闭塞实现方法又可分为:电话闭塞、半自动闭塞等。

1）电话闭塞

电话闭塞是当基本闭塞设备不能使用时，由区间两端站的车站值班员利用站间行车电话，以发出电话记录号码的方式办理闭塞。电话闭塞不论单线或双线，均按站间区间办理。由于没有机械、电气设备的控制，全凭制度加以约束，因此办理闭塞手续必须严格。为保证同一区间、同一线路在同一时间内不误用两种闭塞法，在停用基本闭塞改用电话闭塞或恢复基本闭塞时，均需行车调度员下达调度命令后方准采用，行车凭证为路票。

当遇有下列情况时，须改用电话闭塞法行车：

（1）基本闭塞设备发生故障时。

①自动闭塞设备发生故障或停电，包括区间内两架及以上信号机故障或灯光熄灭。

②移动闭塞采用全人工模式。

（2）无双向闭塞设备的双线区间反方向发车或改按单线行车时。

当无双向闭塞设备的双线区间的一条正线因施工或其他原因封锁，另一条正线改按单线行车时，虽然该正线正方向闭塞设备能使用，但由于该正线的反方向无闭塞设备，如果对该线路正方向与反方向运行的列车采用不同的闭塞方法，不但增加了行车调度员发布变更或恢复基本闭塞法命令的次数，而且车站办理时容易发生错误。因此，双线改按单线行车时，上、下行运行的列车均须改用电话闭塞。

（3）列车由区间折返。

（4）施工列车或轨道车运行遇列车调度电话不通时，闭塞法的变更或恢复，应由该区间两端站的车站值班员确认区间空闲后，直接以电话记录办理。

当基本闭塞设备（CBTC）和进路闭塞（后备模式）均故障时，行车调度员在查明全线各区间空闲和在线列车定位后，方能向全线各车站值班员和所有在线列车司机发布停用基本闭塞、改用电话闭塞解除法行车的书面调度命令（由车站转交）。

使用电话闭塞法行车时，列车占用区间的行车凭证，不论单线或双线均为路票，路票的样式如图2.4所示。

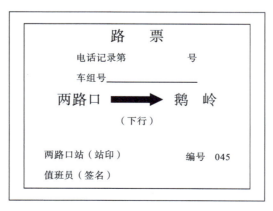

图2.4

2）半自动闭塞

半自动闭塞是人工办理闭塞手续，列车凭信号显示发车后，出站信号机自动关闭的闭塞方法。

半自动闭塞特征：同一时间，一个区间只允许一列列车运行；人工办理闭塞手续；人工确认列车完整到达；人工恢复闭塞。

2. 自动闭塞

自动闭塞就是根据列车运行及有关闭塞分区状态自动变换信号显示，而司机凭信号行车的闭塞方法。自动闭塞的特征：把站间划分为若干闭塞分区，有分区占用检查设备，可以凭通过信号机的显示行车，也可凭机车信号或列车运行控制的车载信号行车；站间能实现列车追踪；办理发车进路时自动办理闭塞手续，自动变换信号显示。

从保证列车运行而采取的技术手段角度来看，自动闭塞可分两大类：传统的自动闭塞和装备列车运行自动控制系统的自动闭塞。

1）传统的自动闭塞

传统的自动闭塞属固定闭塞的范畴，一般设地面通过信号机，装备机车信号，保证列车按照空间间隔运行的技术方法是用信号或凭证来实现的。它分为：三显示自动闭塞、四显示自动闭塞等。

(1) 三显示自动闭塞。

三显示自动闭塞在绿色灯光条件下，至少有两个闭塞分区空闲可供列车占用。因此，列车基本上是在绿色灯光或黄色灯光下运行。列车可以保持较高速度运行，或只需要短暂减速运行。三显示自动闭塞适合于客货列车混行的铁路系统。

红色灯光：前方闭塞分区有车占用，停车，不准越过信号机。

黄色灯光：前方仅有一个闭塞分区空闲，减速通过。

绿色灯光：前方至少有两个闭塞分区空闲，按规定速度通过。

(2) 四显示自动闭塞。

红色灯光：前方闭塞分区有车占用，停车，不准越过信号机。

黄色灯光：前方仅有一个闭塞分区空闲，低速列车减速通过。

绿黄色灯光：前方有两个闭塞分区空闲，高速列车减速通过。

绿色灯光：前方至少有三个闭塞分区空闲，按规定速度通过。

四显示自动闭塞保证列车在绿色灯光条件下运行，可以充分发挥列车运行速度，比较适合于较高速度的铁路区段或城市轨道交通系统。三显示自动闭塞和四显示自动闭塞如图2.5所示。

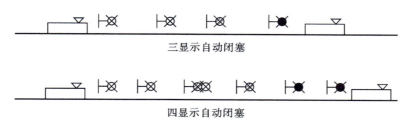

图 2.5

2）装备列车运行控制系统的自动闭塞

从闭塞制式的角度来看，装备列车运行控制系统的自动闭塞可分为三类：固定闭塞、准移动闭塞（含虚拟闭塞）和移动闭塞。

（1）列控系统为分级速度控制模式时，采用固定闭塞方式。运行列车间的空间间隔是若干个闭塞分区，闭塞分区数依划分的速度级别而定。一般情况下，闭塞分区是用轨道电路或计轴装置来划分的，它具有列车定位和占用轨道的检查功能。固定闭塞的追踪目标点为前行列车所占用闭塞分区的始端，后行列车从最高速开始制动的计算点为要求开始减速的闭塞分区的始端，这两个点都是固定的，空间间隔的长度也是固定的，所以称为固定闭塞。

（2）虚拟闭塞是准移动闭塞的一种特殊方式，它不设轨道占用检查设备，采取无线定位方式来实现列车定位和占用轨道的检查功能，闭塞分区是以计算机技术虚拟设定的，仅在系统逻辑上存在闭塞分区和信号机的概念。虚拟闭塞除闭塞分区和轨旁信号机是虚拟的以外，从操作到管理等，都等效于准移动闭塞方式。虚拟闭塞方式有条件将闭塞分区划分得很短，当短到一定程度时，其效率就接近于移动闭塞。

（3）移动闭塞是一种新型的闭塞制式，它不设固定闭塞区段，前、后两列车都采用移动式的定位方式。移动闭塞可解释为列车安全追踪间隔距离不预先设定，而随列车的移动不断移动并变化的闭塞方式。在城市轨道交通中，移动闭塞是一种将先进的通信技术、计算机技术、控制技术相结合的列车控制技术，所以国际上称其为基于通信的列车控制系统。

在移动闭塞技术中，闭塞分区仅仅是保证列车安全运行的逻辑间隔，与实际线路并无物理上的对应关系，因此，移动闭塞在设计和实现上与固定闭塞有比较大的区别。其中列车定位、安全距离和目标点是移动闭塞技术中最重要的三个概念，可以称为移动闭塞的三个基本要素。

①列车定位。列车定位技术在列控系统中具有重要地位。列车定位信息的主要作用：列控系统对在线的每一列车，能计算出其距前行列车尾部的距离，或距进站信号点的距离，从而对列车实施有效速度控制，为保证安全列车间隔提供依据，为列车在车站停车后打开车门及屏门的提供依据，为无线基站接续提供依据。

在固定闭塞和准移动闭塞中,轨道电路或计轴等设备作为闭塞分区列车占用的检测设备,能粗略地进行列车定位,再配以测速测距就能较细地进行列车定位,同时配备应答器校准坐标。

目前,在列车自动控制系统中得到应用的列车定位技术主要有测速定位法、查询-应答器法、交叉感应线圈法、卫星定位法、多普勒雷达法、无线扩频列车定位、惯性列车定位、航位推算系统定位等。

在移动闭塞中没有轨道电路等设备作为闭塞分区列车占用的检查,被控对象基本处于动态过程中,只有了解所有列车的具体位置,以何种速度运行等信息,才能实施对列车的有效控制,所以列车定位技术在移动闭塞列车运行自动控制系统中就显得更为重要,安全、可行、高效、经济的列车定位系统是列控系统关键技术之一。

列控系统检测列车完整性的最好方法是在列车尾部也安装无线通信设备,它能不间断地发出无线信号给列车头部的车载设备,一旦头尾通信中断,则认为列车完整性出现了问题。

②安全距离。安全距离是后续追踪列车的命令停车点与其前方障碍物之间的固定距离。障碍物可以是确认了的前行列车尾部的位置或者无道岔表示(道岔故障)的道岔位置。该距离是基于列车安全制动模型计算得到的附加距离,它保证追踪列车在最不利条件下能够安全地停止在前行列车的后方,不发生冲撞。所以,安全距离是移动闭塞系统的关键,是整个系统设计的理论基础和安全依据。

移动闭塞基本原理:线路上的前行列车经列车自动防护(ATP)车载设备将本车的实际位置,通过通信系统传送给轨旁的移动闭塞处理器,并将此信息处理生成后续列车的运行权限,传送给后续列车的ATP车载设备。后续列车与前行列车总保持安全距离。该安全距离是介于后车的目标停车点和前车尾部之间的固定距离。在选择该距离时,已充分考虑了在一系列最坏情况下,列车仍能够被安全地分隔开来。移动闭塞基本原理如图2.6所示。

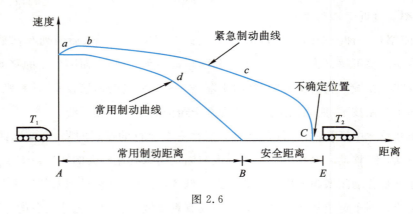

图 2.6

③目标点。列车只有获得了目标点,才能向前移动。目标点通常是设在列车前方一定距离的某个位置点,一旦设定,即表明列车可以安全运行至该点,但不能超过该点。移动闭塞系统就是通过不断前移列车的目标点,引导列车在线路上安全运行。

小贴士

测速定位法的原理是在车轮外侧安装光栅,按车轮旋转次数与转角计算出列车的位移。

查询-应答器法是在线路上按一定间隔设置应答器,应答器内存储了其所在位置的公里标,列车经过时由车上无线通信设备读取位置信息。

交叉感应线圈法是在线路上敷设轨道电缆,将轨道电缆每隔一定距离交叉一次,利用交叉回线列车测算出自己的位置。

卫星定位法是利用导航卫星进行测时和测距。

多普勒雷达法是在车头位置安装多普勒雷达,列车运行时产生多普勒效应,列车速度越快反射信号频率越高,通过测量反射与发射的信号频率差,就可获得即时的列车运行速度,然后换算出列车的运行距离。

无线扩频列车定位是在沿线设置无线基站,无线基站不断发射带有其位置信息的扩频信号,列车收到信号后通过接收和发射扩频信号的时间差求解出与无线基站的距离,同时接收2个以上无线基站的信号就可算出即时的列车位置。

航位推算系统定位(DR)原理:已知列车起始点坐标和初始航行角,通过实时测量和递增积累列车行驶距离和航行角的变化,推算出列车的位置。

知识拓展

铁路包括国家铁路、地方铁路、专用铁路和铁路专用线。国家铁路是指由国务院铁路主管部门管理的铁路。地方铁路是指由地方人民政府管理的铁路。专用铁路是指由企业或者其他单位管理,专为本企业或者本单位内部提供运输服务的铁路。铁路专用线是指由企业或者其他单位管理的与国家铁路或者其他铁路线路接轨的岔线。

国家铁路总公司及国家铁路局主管全国铁路工作,对国家铁路实行高度集中、统一指挥的运输管理体制,对地方铁路、专用铁路和铁路专用线进行指导、协调、监督和帮助。国家铁路运输企业行使法律、行政法规授予的行政管理职能。

想一想

1. 城市轨道交通行车组织有什么重要作用?
2. 城市轨道交通行车组织的要求都有哪些?
3. 行车组织应遵循什么原则?
4. 城市轨道交通行车组织有哪些岗位?各岗位职责是什么?
5. 什么是行车闭塞法?采用这种方法有什么好处?

6. 闭塞区间如何划分？

7. 什么是固定闭塞、虚拟闭塞和移动闭塞？移动闭塞的基本要素是什么？

组织学生在所在城市地铁车站开展认识实习，与车站工作人员交流，了解城市轨道交通地铁行车组织方法及设备作用。

项目三　城市轨道交通信号

项目描述

信号是轨道交通的语言和指令，城市轨道交通乘务员以信号作为运营操作的依据。本项目主要介绍城市轨道交通信号系统分类、构成、设备组成及信号含义等内容。

学习目标

(1) 了解城市轨道交通信号系统特性。

(2) 掌握城市轨道交通信号系统分类。

(3) 掌握城市轨道交通信号系统构成。

(4) 掌握轨旁信号设备组成。

(5) 了解城市轨道信号显示含义。

(6) 掌握手信号含义及运用条件。

(7) 了解调车手信号、运行手信号及联系手信号的含义。

素质目标

(1) 培养学生依规办事、遵章守纪的精神，提高学生自律的意识及能力。

(2) 为学生树立精细化操作、标准化作业的优良岗位品质。

(3) 培养学生以工匠精神、巧匠技术助力国家高质量发展。

能力目标

(1) 能够说明城市轨道交通信号类型。

(2) 能够依照信号显示指导列车操作。

(3) 能够标准展示手信号并说明信号含义。

(4) 能够分辨不同听觉信号含义。

任务 1　城市轨道交通信号系统概述

任务目标

(1)了解城市轨道交通信号系统特性。
(2)掌握城市轨道交通信号系统分类。
(3)掌握城市轨道交通信号系统构成。

学习内容

1.城市轨道交通信号系统特性

(1)信号系统应确保列车行车安全。保证即便在最不利的条件下,前方列车处于紧急停车时,后续列车仍能实现安全停车。

(2)信号系统应预先设计相关系统或自身系统故障,以及灾害发生时的应急运行模式。

(3)信号系统应具有高可靠性及高可用性。

(4)信号系统采用的器材、设备和技术指标应符合国家标准或行业标准,满足环保要求,具有电磁兼容性。

(5)信号系统应具有设备的检测和报警能力。

(6)信号系统车载设备不得超出车辆限界,地面信号系统不得侵入设备限界。

(7)信号系统的设备应符合城市轨道交通使用环境的要求。

2.城市轨道交通信号系统分类

(1)城市轨道交通信号系统按照闭塞方式分类可分为固定闭塞信号、准移动闭塞信号、移动闭塞信号。

(2)城市轨道交通信号系统按地面设备向车载设备传递信息的连续性可分为固定地点传递信息的点式、沿线路传递信息的连续式。

(3)城市轨道交通信号系统按系统产生控制模式曲线可分为分段式、连续一段式、距离速度制动模式。

图 3.1 为城市轨道信号灯。

项目三　城市轨道交通信号

图 3.1

3. 城市轨道交通信号系统构成

按照设备所在区域不同分为行车指挥中心子系统、车站及轨旁子系统、车载子系统、车辆段子系统。

(1)行车指挥中心子系统：由列车运行调度监督、调度集中或列车自动监控等组成。

(2)车站及轨旁子系统：行车指挥车站设备、联锁、列车运行控制系统地面设备。

(3)车载子系统：车载信号、自动停车、列车识别车载设备。

(4)车辆段子系统：联锁、行车指挥段设备。

信号系统构成如图 3.2 所示。

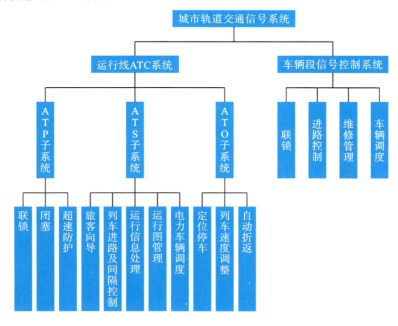

图 3.2

> **小贴士**
>
> 通信信号设备是城市轨道交通系统网的耳目,是用来控制和指挥列车正常运行的大脑。信号系统是确保行车安全、提高运输能力和车流效率的专用设备。
>
> 轨道交通信号系统通过信号设备发送给线路和列车命令,指挥列车按照规定速度运行、进站上下客等作业。轨道交通信号系统通过联锁设备保证时间和空间上列车在车站变道、站台停车、降速或越站通过等运行安全。轨道交通信号系统通过列车站间闭塞设备保证列车在区间的运行安全。

任务2 轨旁信号设备

任务目标

(1)掌握轨旁信号设备组成。
(2)了解地面信号机的设置原则。
(3)掌握信号机的命名方法。

学习内容

轨旁基础信号设备包括信号机、计轴设备、应答器、线缆等。
正线、车辆段、试车线等处均需要设置相应信号机和LED灯。

1. 地面信号机的设置原则

(1)地面信号机设在列车运行方向右侧,地下部分安装在隧道壁上(特殊情况可位于左侧)。
(2)信号机柱的选择。车辆段入段、出段信号机采用高柱信号机(显示距离远),其他采用矮型信号机。
(3)信号机限界。设备限界是用于限制设备安装的控制线;限界以直线地段车辆限界外扩大一定安全间隙后形成;车体肩部横向扩大100 mm等;曲线地段在直线地段设备限界基础上根据曲线半径超高具体设置。

2. 信号机的设置

1）正线上的信号机设置

正线道岔区设防护信号机。信号机设于道岔前后适当位置，具有出站性质以外的防护信号机应设引导信号。车站一般不设进出站信号机，在正向出站方向站台侧列车停车位置设发车指示器。特殊情况也可设置进出站信号机。线路尽头应设阻挡信号机。车站设发车指示器或发车计时装置。

2）车辆段（停车场）的信号机设置

车辆段出入口设出入段信号机。在同时能存放两列及以上停车线中间进段方向设置列车阻挡信号机（可兼做调车信号机）。

3. 信号机的命名

正线上的防护信号机、阻挡信号机冠以"S""X""F""Z"等，(S 为上行，X 为下行，F 是防护信号机，Z 是阻挡信号机)。其下缀编号方法：下行方向编为单号，上行方向编为双号，从站外向站内顺序编号。车辆段进段信号机"JD"，从段外到段内依次排列；阻挡信号机和调车信号机"D"，从段内到段外依次排列。

> **小贴士**
>
> 信号机是铁路及城市轨道交通的轨旁基础设备，以地面信号为主体信号的铁路信号系统，司机必须按照信号机的显示运行；城市轨道交通以车载信号为主体信号，正线区段基本不设信号机，只有在道岔区段，为了调车作业的需要而设置地面信号机。

> **知识拓展**
>
> 信号机按类型分为色灯信号机、臂板信号机和机车信号机。信号机按用途分为进站、出站、通过、进路、预告、接近、遮断、驼峰、驼峰辅助、复示、调车信号机。
>
> 进站信号机的作用：防护车站；指示进站列车的运行条件；完成联锁任务，保证进路安全可靠。进站信号机应尽量避免设在停车后启动困难的上坡道、地势险峻地点、隧道内、桥梁上等地方。臂板式进站信号机的通过臂板起着预告出站信号机显示状态、指示列车是否可以通过车站的作用，另外，为了保证臂板进站信号机的外形和夜间灯光显示的一致，规定进站信号机为臂板信号机时，须装设通过臂板。

任务 3　信号灯显示

任务目标

(1)掌握城市轨道信号灯颜色的含义。
(2)掌握城市轨道信号灯光配列。
(3)掌握城市轨道信号显示制度。
(4)掌握城市轨道信号显示含义。

学习内容

1. 信号灯显示颜色的含义

信号灯显示颜色选择的原则:显示明确、辨认容易、便于记忆、有足够显示距离。

颜色:红、黄、绿、蓝、月白、紫。

红光——停车信号(远);

黄光——注意与减速信号;

绿光——运行信号;

蓝光——禁止调车信号(近);

月白光——允许调车信号(近)。

紫光——道岔显示,道岔直向开通。

部分灯光如图 3.3 所示。

图 3.3

2. 机构选用和灯光配列

色灯信号机机构有单显示、二显示和三显示。单显示仅仅用于阻挡信号机。二、三显示可单独使用也可以组合使用。

1) 色灯信号机灯光配列和应用的规定

(1) 根据实际情况,需要减少灯位时可采用空位停用方式处理。防护信号无直向运行方向时,仍采用三显示机构,将绿灯关闭。

(2) 以两个基本灯光组成一种显示时,应有一定的间隔距离,以保证显示清晰。

(3) 双机构加引导信号机是一种专门的信号机形式,进段信号机可采用。

2) 各种信号机的灯光配列

(1) 防护信号灯:三显示机构,自上而下为黄(或月白)、红、绿。

(2) 正站出站信号机:同防护信号机。

(3) 阻挡信号机:单显示机构,红灯。

(4) 进段信号机:可同防护信号机;也可采用双机构显示带引导机构。

(5) 出段信号机:三显示机构,红、绿、白。

(6) 调车信号机:二显示机构,白、蓝(或红)。

(7) 通过信号机:自动闭塞,三显示机构,黄、绿、红。

3. 信号显示制度

1) 信号显示基本要求

(1) 将信号机经常保持的显示状态作为信号机定位。除采用自动闭塞时通过信号机显示绿灯为定位,其他信号机一律以显示禁止信号(红灯或蓝灯)为定位。

(2) 除调车信号机以外的其他信号机,当列车第一轮对越过该信号机后自动关闭。调车信号机在调车车列全部越过调车信号机后自动关闭。

(3) 信号机灯光熄灭、显示不明或显示不正确时,均视为停车信号。

(4) 有两个以上方向而信号显示不能区分运行方向时,应在信号机上装进路表示器,由表示器指示开通的运行方向。

2) 信号显示含义

正线信号机主体信号均为绿、红显示。绿灯表示行进,红灯表示停车;进站信号机带引导月白灯;预告信号机黄、绿、红三显示。

3) 信号显示距离

行车信号与道岔防护信号距离不小于 400 m;调车信号与道岔状态显示器距离不小于

200 m;引导信号和道岔状态显示器以外各种显示器距离不小于 100 m。

4. 信号显示

1)车辆段/停车场信号显示

车辆段、联锁车站及有防淹门的车站安装有地面信号机;所有车站站台安装发车表示器,终端站和尽头站安装双灯位信号机。

红灯——禁止越过该架信号机;

黄灯——允许入段;

红灯＋黄灯——引导信号,随时准备停车;

月白灯——允许越过该架信号机调车。

2)移动闭塞模式下的显示

(1)信号机设置于列车运行方向右侧,特殊情况可相反;在车站正向出站方向列车停车前方适当位置设置出站信号机,出站信号机外侧如有道岔,作防护信号机;根据道岔位置和进路需要设置道岔折返信号机并设引导信号;反向道岔折返进路终端设置阻挡信号机;线路尽头、折返进路终端设阻挡信号机。

(2)正线信号含义如下:

蓝色灯光——系统在基于通信的列车自动控制模式(CBTC 模式)下运行。

绿色灯光——进路道岔开通直向位置,允许列车越过。

黄色灯光——进路道岔开通侧向位置,允许列车越过。

红色灯光——禁止越过信号机。

红色灯光＋黄色灯光——引导信号,准许列车以小于等于 25 km/h 的速度通过信号机,并随时准备停车。

(3)出站信号机采用四显示:

绿色灯光——进路排列至下一个信号机,允许列车在线路按规定速度运行。

红色灯光＋黄色灯光——引导信号,列车应以低于 25 km/h 的速度通过信号机。

红色灯光——停止信号,不允许列车越过此信号机。

灭灯——CBTC 列车可越过,非 CBTC 列车禁止越过。

(4)道岔防护信号机采用五显示:

绿色灯光——进路排列至下一个信号机,允许列车在线路按规定速度运行。

黄色灯光——进路开放至下一个信号机,至少一组道岔在反位且锁闭,允许列车在道岔开通方向以道岔允许速度在线路限速条件下运行。

红色灯光＋黄色灯光——引导信号,列车应以低于 25 km/h 的速度通过信号机。

红色灯光——停止信号,不允许列车越过此信号机。

灭灯——CBTC列车可越过,非CBTC列车禁止越过。

(5)车辆段入段信号机采用高柱五显示机构信号机:

绿色灯光——封闭。

红色灯光——禁止列车越过信号机。

红色灯光＋白色灯光——引导信号,准许列车以小于等于25 km/h速度通过信号机,并随时准备停车。

黄色灯光＋黄色灯光——信号机防护的进路中至少有一组道岔开通侧向位置,允许列车以规定速度入段。

黄色灯光——信号机防护的进路中至少有一组道岔开通直向位置;允许列车以规定速度入段。

(6)出段信号机采用矮柱三显示机构信号机:

红色灯光——禁止越过信号机。

绿色灯光——准许按规定速度出段。

白色灯光——准许列车通过该信号机调车。

(7)段内调车信号机采用矮柱两显示调车机构信号机:

蓝色灯光——禁止列车越过信号机进行调车作业。

白色灯光——准许列车越过信号机调车作业。

(8)段内尽头线阻挡信号机采用单显示矮型机构信号机,永远为红色灯光。

注:信号机具有灯丝监督功能,控制电路检查灯丝完好程度;损坏超过30%就会报警。

小贴士

地铁黄色灯光:黄色灯光起到一个警示作用,它主要是警示列车减速运行,如果黄灯亮起后,列车没有采取相应的措施,继续保持快速向前开的话,前面的信号灯的颜色就会是红色。

知识拓展

轨道交通信号与控制的作用:在城市化建设过程中,轨道交通对于人类文明发展发挥了重要作用。对于人们日常出行和工业生产建设都具有现实意义,通过对轨道交通信号的控制来对行驶中的列车进行进出站引导和信息传输,进一步保证了交通建设的规范性。轨道交通信号与控制的具体作用如下:①保障轨道列车的稳定运行,城市轨道列车常存在超速等现象,借助信号控制可以有效调整运行速度。②降低列车元件的损坏程度,城市轨道列车在长时间运行和超速状态下行驶都会造成列车零部件受损,因此轨道交通信号的控制能对设备消耗问题起到保障作用。

任务 4　手信号显示

任务目标

（1）掌握手信号的概念。
（2）了解手信号运用规定。
（3）掌握手信号显示与收回时机。
（4）了解运行手信号、调车手信号及联系手信号的含义。

学习内容

1. 手信号

手信号是轨道交通视觉信号，用信号旗或信号灯及显示信号人用手臂显示的信号。通过信号旗、灯、手臂的状态变化使接收信号的行车人员明白显示的意义并遵守执行。手信号分为行车手信号、调车手信号、联系手信号。手信号如图 3.4 所示。

图 3.4

2. 城市轨道交通调车手信号规定

（1）调车手信号是指示调车工作的命令，有关行车人员应严格执行。
（2）基地内调车作业手信号按《行车组织规则》的规定执行。

(3)显示信号时,应严肃认真,做到位置适当,正确及时,横平竖直,灯正圈圆,角度准确,段落清晰。

(4)手持信号旗的人员,应左手拿拢起的红旗,右手拿拢起的绿旗(扳道员右手持黄色信号旗)。

(5)地下车站一律使用信号灯。

(6)地面车站及基地内,昼间使用信号旗,夜间使用信号灯。

(7)信号颜色规定:信号旗颜色有绿、黄、红;信号灯颜色有绿、黄、红、白。

3. 手信号显示与收回时机

(1)显示通过信号:必须在看见列车灯光时开始显示,待列车头部越过显示地点后方可收回。

(2)显示发车信号必须在确认列车起动后方可收回。

(3)显示引导信号要待列车越过显示地点后方可收回。

(4)显示调车信号须在司机回示后方可收回。

(5)显示停车信号和紧急停车信号须待列车停车后方可收回。

手信号显示如图 3.5 所示。

图 3.5

4. 运行手信号

运行手信号显示方式如表 3.1 表示。

表 3.1

序号	手信号类别	显示方式	
		昼间	夜间
1	停车信号：要求列车停车	显示展开的红色信号旗，无红色信号旗时，两臂高举头上，向两侧急剧摇动	亮红色灯，无红色灯时，将白色灯上、下急剧摇动
2	紧急停车信号：要求司机紧急停车	将展开的红色信号旗下压数次，无红色信号旗时，两臂高举头上，向两侧急剧摇动	将红色灯下压数次，无红色灯时，将白色灯上下急剧摇动
3	减速信号：要求列车降低速度运行	显示展开的黄色信号旗，无黄色信号旗时，用绿色信号旗下压数次	亮黄色灯，无黄色灯时，将白色或绿色灯下压数次
4	发车信号：要求司机发车	将展开的绿色信号旗向列车方面作圆形转动	将绿色灯向列车方面作圆形转动
5	通过手信号：准许列车由车站通过	显示展开的绿色信号旗	亮绿色灯
6	引导信号：准许列车进入车站或小型基地	展开黄色信号旗高举头上左右摇动	将黄色灯高举头上左右摇动
7	好了信号：某项作业完成	用拢起信号旗作圆形转动	将白色灯作圆形转动

5. 调车手信号

调车手信号显示方式如表 3.2、图 3.6 所示。

表 3.2

序号	手信号类别	显示方式	
		昼间	夜间
1	停车信号	显示方式与表 3.1 第 1 项相同	
2	减速信号	将展开的绿色信号旗下压数次	将绿色灯下压数次
3	指挥列车或车辆向显示人方向来的信号	将展开的绿色信号旗在下方左右摇动	将绿色灯在下方左右摇动

续表

序号	手信号类别	显示方式	
		昼间	夜间
4	指挥列车或车辆向显示人方向去的信号	将展开的绿色信号旗上、下摇动	将绿色灯上、下摇动
5	指挥列车或车辆向显示人方向稍行移动的信号(包括连挂)	左手将拢起的红色信号旗直立平举,右手将展开的绿色信号旗在下方左右小摆动	将绿色灯下压数次后,再左右小动
6	指挥列车或车辆向显示人反方向稍行移动的信号(包括连挂)	左手将拢起的红色信号旗直立平举,右手将展开的绿色信号旗在下方上、下小动	将绿色灯平举并上、下小动
7	三、二、一车距离信号	右手将展开的绿色信号旗下压三、二、一次	将绿色灯平举并下压三、二、一次
8	连挂作业	两臂高举头上,拢起的手信号旗杆成水平末端相接	红、绿色灯(无绿色灯用白色灯代替)交互显示数次
9	试拉信号	按本表第5或第6项的信号显示。当列车启动后立即显示停车信号	
10	取消信号:通知前发信号取消	拢起手信号旗,两臂于前下方交叉后,左右摇动数次	红色灯光作圆形转动后,上下摇动

图 3.6

6. 联系手信号

联系手信号显示方式如表 3.3 所示。

表 3.3

序号	股道	昼间显示方式	夜间显示方式
1	一道	两臂左右平伸	将白色灯左右摇动
2	二道	右臂向上直伸,左臂下垂	将白色灯左右摇动后,从左下方向右上方高举
3	三道	两臂向上直伸	将白色灯上下摇动
4	四道	右臂向右上方,左臂向左下方各斜伸45度角	将白色灯高举头上左右小动
5	五道	两臂交叉于头上	将白色灯作圆形转动
6	六道	左臂向左下方,右臂向右下方各斜45度角	将白色灯作圆形转动后,再左右摇动
7	七道	右臂向上直伸,左臂向左平伸	将白色灯作圆形转动后,再从左下方向右上方高举
8	八道	右臂向右平伸,左臂下垂	将白色灯作圆形转动后,再上下摇动
9	九道	右臂向右平伸,左臂向右下斜45度角	将白色灯作圆形转动后,再高举头上左右小动
10	十道	左臂向左上方,右臂向右上方各斜45度角	将白色灯左右摇动后,再上下摇动作成十字形
11	十一至十九道	须先显示十道股道号码,再显示所要股道号码的个位数信号	
12	二十至五十道	须先显示所要股道号码的十位数信号,再显示个位数信号	

道岔开通信号如图 3.7 所示。

图 3.7

7. 试验列车自动制动机的手信号

试验列车自动制动机的手信号显示方式如下。

①制动：昼间——将拢起的信号旗高举头上；夜间——高举白色灯。
②缓解：昼间——将拢起的信号旗在下部左右摇动；夜间——将白色灯光在下部左右摇动。
③试验完成（或其他作业完成的显示）：昼间——将拢起的信号旗作圆形转动；夜间——将白色灯光作圆形转动。

小贴士

信号在日常生活中随处可见，比如，马路上的红色、绿色、黄色灯光，就是一种交通信号，我们平时的语言交流也是一种信号。信号的作用主要是传输一些命令，为了确保安全，信号传递的准确性将直接影响列车运行的安全性。通常将信号分为两类，一类为有声的信号，比如语言的交流、音乐等；另一类为无声的信号，比如红色、绿色、黄色交通信号等。

知识拓展

手信号的适用范围：①电话闭塞法行车；②列车站间运行时，站控状态下，道岔防护信号机无法开放；③列车调车作业时，站控状态下，道岔防护信号机无法开放或调车信号机无法开放；④发生危及行车安全的情况时。

任务 5　其他方式信号显示

任务目标

(1)掌握听觉信号的含义。
(2)掌握徒手信号的运用时机。

学习内容

1. 听觉信号

听觉信号是人们用信号旗、汽笛、口哨、响墩等工具以鸣笛的次数、长短等方式向接收信号的人员传达的行车命令。

(1)显示要求:音响信号,长声为3 s,短声为1 s,间隔为1 s。重复鸣示时,须间隔5 s以上。
(2)显示时机:一般隧道内取消列车启动鸣笛,危及行车安全和人身安全除外。
(3)客车、车组、工程车等列车的鸣示方式如表3.4所示。

表 3.4

序号	名称	鸣示方	使用时机
1	起动注意信号	一长声 —	①列车起动或机车车辆前进时。②接近车站、鸣笛标、隧道、施工地点、黄色信号、引导信号、天气不良时。③在区间停车后,继续运行时,通知车长
2	退行信号	二长声 — —	客车、机车车辆、单机开始退行
3	召集信号	三长声 — — —	要求防护人员撤回时
4	呼唤信号	二短一长声 · · —	①客车或机车要求出入小型基地时。②在车站要求显示信号时
5	警报信号	一长三短声 — · · ·	①发现线路有危及行车安全的不良处所时。②列车发生重大事故及其他需要救援情况时。③列车在区间内停车后,不能立即运行,通知车长时

续表

序号	名称	鸣示方	使用时机
6	试验自动制动机复示信号	一短声 ·	①试验制动机开始减压时。②接到制动试验结束手信号,回答试风人员时。③调车作业中,表示已接受调车员所发出的信号时
7	缓解信号	二短声 ··	试验制动机缓解时
8	紧急停车信号	连续短声 ·····	司机发现邻线有障碍,向邻线运行的列车发出紧急停车信号,邻线列车司机听到后,应立即停车

2. 徒手信号

在日常运作中,调车员或管理人员及行车有关人员检查工作或遇列车救援、发生紧急情况,且没有携带信号灯或信号旗时,可用徒手信号显示,如表 3.5 所示。

表 3.5

序号	徒手信号类别	显示方式
1	紧急停车信号(含停车信号)	两手臂高举头上,向两侧急剧摇动
2	三、二、一车信号	单臂平伸后,小臂竖直向外压直,反复三次为三车、二次为二车、一次为一车
3	连挂信号	紧握两拳头高举头上,拳心向里,两拳相碰数次
4	试拉信号	如本表第 5 或第 6 项,当列车刚起动马上给停车信号(第 1 项)
5	向显示人方向稍行移动	左手高举直伸,右手平伸小臂前后摇动
6	向显示人反方向稍行移动	左手高举直伸,右手向下斜伸,小臂上下摇动
7	好了信号	单臂向列车运行方向上弧圈作圆形转动

  机车、轨道车鸣笛听觉信号,是机车、轨道车乘务员值乘当中,与其他有关行车人员联系工作,发出警报,提醒路内外人员注意或通知有关事项时发出的信号。

知识拓展

在武汉地铁，每一名站台工作人员上岗前都必须佩戴一枚口哨。当站台出现可能危及行车或人身安全的状况时，工作人员将首先使用口哨发出警示信号，同时快速到达该区域，及时提醒相关人员做出适当调整，从而保障乘客安全与行车安全。

项目四 列车运行图与列车时刻表

项目描述

列车运行图与列车时刻表是城市轨道交通行车组织基础和依据,是城市轨道交通行车组织中要学习的重要内容。本项目主要内容包括列车运行图认知、列车运行图格式与要素、列车运行图类型、编制原则与编制方法、列车时刻表编制原则与流程等。

学习目标

(1)认识列车运行图在城市轨道交通运行组织中的作用。

(2)掌握列车运行图的格式和要素。

(3)掌握列车运行图的类型。

(4)了解城市轨道列车运行图编制要素和编制方法。

(5)了解城市轨道交通列车运行时刻表编制原则、时机、流程等。

素质目标

(1)培养学生严谨治学、高标准作业的品质。

(2)培养学生精细规划、行事周到的良好素质。

(3)为学生树立"提供高品质服务,生产高质量产品"的意识。

能力目标

(1)能够区分不同类型列车运行图。

(2)能够解释不同运行图的含义。

(3)能够说明列车运行图各要素的含义。

任务 1　认识列车运行图

任务目标

(1) 掌握列车运行图在城市轨道交通组织中的作用。
(2) 掌握城市轨道交通运营生产过程中各部门的协调配合。
(3) 了解城市轨道交通列车运行图基础性意义。

学习内容

　　列车运行图是运用坐标原理来描述列车在轨道线路运行的时间、空间关系,直观地显示出列车在各车站(车辆段)停车或通过、在各区间运行状态的一种图解形式。它规定了列车运行交路、各次列车在车辆段及每个车站的到达和出发(或通过)时刻、列车折返时间、列车在区间运行时间及在车站停站时间等,是组织全线列车运行的基础。

　　城市轨道交通运营生产过程中,列车运行是一个复杂的系统过程,它利用多种技术设备和系统的联动,要求各部门、各工种、各项作业之间互相协调配合,保证行车的安全和提高运营效率,列车运行图在此过程中发挥着极其重要的作用。为了保证城市轨道交通运输生产过程的协调一致,保证列车运行与乘客服务工作的协调一致,保证安全、快捷、经济、准确地运送乘客,合理有效地利用轨道交通技术设备,充分提高通过能力,轨道交通运营企业必须合理编制列车运行图。

　　一方面,列车运行图是城市轨道交通运营企业实现列车安全、正点运行和经济有效地组织运营的工作计划,它规定了轨道线路、车辆段、电客车、施工检修设备的运用,以及与行车相关各部门(如车站、车辆段、施工检修部门)的工作组织安排,并将整个轨道线网的运营生产工作联系成一个统一的整体,使其严格按照一定运行程序有条不紊地进行工作。另一方面,列车运行图又是城市轨道交通运营企业面向社会提供运输能力和保证服务水平的一种有效形式,它提供了城市轨道交通线路运营服务时间、首末班车时间和运营时刻表,规定了不同季节、不同时段客流需求的运能供给和运营服务能力指标。

　　因此,列车运行图不仅是城市轨道交通运营生产的一个综合性计划,是行车组织工作的基础,更是轨道交通运营企业经济效益和社会效益的重要体现。

> **小贴士**
>
> 铁路内部使用的列车运行图是铁路组织运输生产的依据,是实现"按图行车"的技术组织措施,是确保铁路运输产品质量的基础。

知识拓展

城市轨道交通多采用双线、追踪、平行、成对运行图。城市轨道交通的线路一般为双线,在两条线路上按照右侧行车方式组织列车上下行追踪运行。通常情况下,城市轨道交通车站不设其他站线。列车在车站上正线停车进行旅客上下车作业,一般情况下两车之间无越行。因此,列车运行线为平行运行线,为保证能够循环使用,列车一般按高峰时段成对开行。

▶ 任务 2 熟悉列车运行图的格式及图解要素

任务目标

(1)掌握城市轨道交通列车运行图要素。
(2)了解城市轨道交通列车运行图影响因素。

学习内容

1. 列车运行图图解要素

列车运行图是为运营部门提供的组织列车在各站和区间运行计划的图解形式,一般由下列部分组成。

(1)横坐标:表示时间变量,按要求用一定比例进行时间划分,一般城市轨道交通列车运行图采用 1 分格或 2 分格,即每一等分表示 1 min 或 2 min。

(2)纵坐标:表示距离分割,根据区间实际里程,采用规定的比例,以车站中心线进行距离定点。

(3)垂直线:是一族平行的等分线,表示时间等分段,一般整小时和整 10 min 用粗线表示,半小时用虚线,一分线或二分线用细线表示。

(4)水平线:是一族平行的不等分线,表示各个车站中心线所在的位置,各水平线间的距离表示各站之间的距离。

(5)斜线:列车运行轨迹(径路)线即列车运行线,一般上斜线表示上行列车,下斜线表示下行列车。

(6)运行线与车站交点:在列车运行图上,列车运行线与车站的交点即表示该列车到达、出发或通过的时刻。

(7)车号、车次:在列车运行图上,每个列车均有不同的车号与车次。一般按发车顺序编列车车次。上行采用双数,下行采用单数。同时按不同的列车类别规定列车号。

城市轨道列车按用途可分为专运列车、客用列车、空驶列车、试验列车、工程列车和救援列车。各种列车可根据不同的车次号来识别。

2. 列车运行图影响因素

(1)最小行车间隔时间的决定因素有信号系统、车辆性能、折返能力和停站时间。技术一定的情况下主要取决于停站时间(一般为 30 s)。

(2)停站时间。特殊情况考虑个别站不停车运行。

(3)折返方式与折返时间。折返方式分为站前折返、站后折返、综合式折返。折返时间与折返方式、列车制动力、信号设备、操作水平等有关。

(4)列车运送速度。

(5)行车通过能力。每小时通过线路列车数。因素:线路、信号、车辆性能、折返能力、停站时间、乘客素质和管理水平。一般每小时 20~30 对,间隔 2~3 min。

(6)列车编组与车辆配置。我国一般为 6 人/m^2。

小贴士

> 列车运行图是一种以列车运行时间为横坐标、列车走行距离为纵坐标,能够直观反映列车每时每刻位置的时空关系图表。

任务 3 熟悉列车运行图的分类

任务目标

(1)掌握城市轨道交通列车运行图分类。

(2)掌握各种类型的城市轨道交通列车运行图。

(3)了解列车运行图绘制方法。

项目四 列车运行图与列车时刻表

学习内容

1. 按时间轴的刻度划分

（1）一分格运行图：横轴以 1 min 为单位用细竖线加以划分，10 分格和小时格用较粗的竖线表示。

（2）二分格运行图：横轴以 2 min 为单位用细竖线加以划分，常用于市郊铁路运行图的编制，如图 4.1 所示。

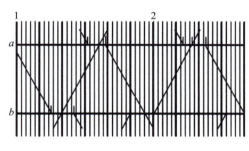

图 4.1

（3）十分格运行图：横轴以 10 min 为单位用细竖线加以划分，半小时格用虚线表示，小时格用较粗的竖线表示，如图 4.2 所示。

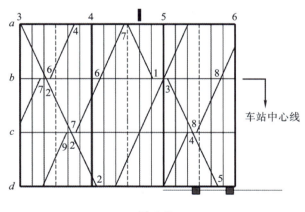

图 4.2

（4）小时格运行图：横轴以小时为单位用竖线加以划分。

2. 按照使用范围分类

（1）工作日运行图：该运行图是根据每个工作日出现早晚 2 个高峰的客流特征而编制，主要满足城市居民上下班(学)的出行需求。

(2)双休日运行图:根据城市轨道线路沿线分布不同特征,全日客流较工作日也有所减少或增加,该运行图是根据双休日实际客流特征而编制。

(3)节假日运行图:节假日主要指元旦、春节、清明节、五一劳动节、端午节、中秋节和国庆节等法定节假日。节假日期间,在连接商业网点、旅游景点的轨道交通线路上,客流量往往会有所增加。节日前的早晚高峰小时客流量会大于一般工作日早晚高峰小时客流量。所以从运营经济性考虑,应根据不同的客流量编制不同的运行图满足运量需求。

(4)其他特殊运行图:通常因举办重大活动、遇天气骤变而引起短期性客流的激增而编制的特殊运行图,或因新线开通、设备调试、运行演练而编制的运行图等。

3. 按区间正线数分

(1)单线运行图:在单线区段采用的运行图,列车的上下行都在一条正线上进行,列车的交会只能在车站进行。在城市轨道交通中,单线运行图很少采用,只在非正常情况下的运行调整期间,或者在运量较小的市郊铁路使用,如图 4.3 所示。

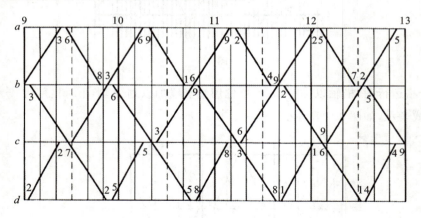

图 4.3

(2)双线运行图:在双线区段,上下行列车在各自的正线上运行,运行互不干扰,可以在区间内或车站上交会,城市轨道交通系统一般都设有双线,采用双线运行图,如图 4.4 所示。

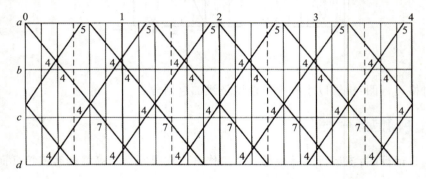

图 4.4

(3)单双线运行图:在单线区段和双线区段各按单线运行图和双线运行图的特点铺画运行线,它兼有单线运行图和双线运行图的特征,在城市轨道交通线网中很少采用,只在非正常情况下的列车运行调整期间使用,如图4.5所示。

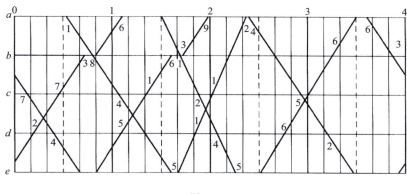

图 4.5

4. 按列车之间运行速度差异分

(1)平行运行图:在同一区间内,同一方向列车的运行速度相同,且列车在区间两端站的到、发或通过的运行方式也相同,因而列车运行线相互平行,如图4.6所示。

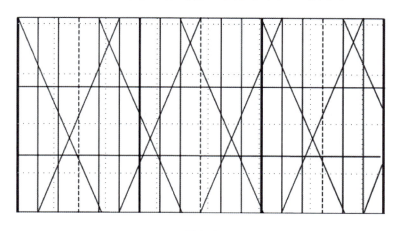

图 4.6

(2)非平行运行图:在运行图上铺有各种不同速度的列车,且列车在区间两端站的到、发或通过的运行方式不同,因而列车运行线不平行,如图4.7所示。

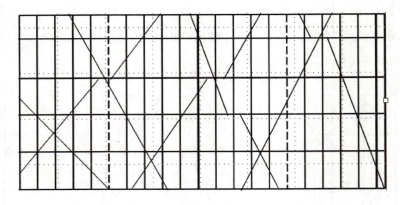

图 4.7

5. 按照同方向列车运行方式分

(1)连发运行图:在这种运行图上,同方向列车以站间区间为间隔连发运行,在双线区段上下行列车各自连发运行,在单线区段采用这种运行图时,在连发的一组列车之间不能铺画对向列车。由于城市轨道基本采用双线自动闭塞,因此,这种运行图很少采用,只有在非正常行车或运行调整时使用,如图4.8所示。

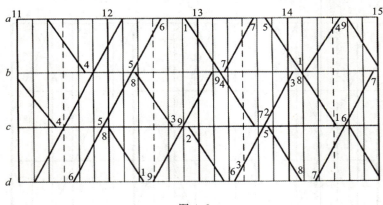

图 4.8

(2)追踪运行图:在这种运行图上,同方向的列车是以闭塞分区为间隔运行,一个站间区间内允许同时有几个列车按追踪方式运行,如图4.9所示。

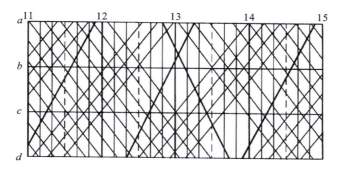

图 4.9

小贴士

列车运行图自动编制系统有两个主要组成部分:数据库子系统和调图子系统。其中数据库子系统包括数据管理和数据存储两个模块,它既是编图的基础又是编图的归属,负责存储、组织、管理整个排布系统的数据信息。调图子系统包括运行图自动编制、运行图调整、运行图输出模块,它是系统的核心部分。根据地铁运营情况,通过求解模型中的函数,得到编制列车运行图的数据,自动完成列车运行图的排布并经人工调整后输出使用。

知识拓展

截至 2023 年 9 月,西安市开通运营地铁线路共有 9 条,分别为 1 号线、2 号线、3 号线、4 号线、5 号线、6 号线、9 号线、14 号线和 16 号线,均采用地铁系统,运营里程共计 309.92 公里;共设车站 192 座(换乘站不重复计算),其中换乘车站 19 座。

任务 4　了解列车运行图编制要素

任务目标

(1)掌握列车运行图编制原则。
(2)掌握列车运行图的基本要素构成。
(3)掌握列车运行图各要素的含义。

学习内容

1. 列车运行图编制原则

(1)在保证安全可靠的条件下,提高列车的运行速度,缩小列车的运行时分。
(2)尽量保证乘客能安全、便捷地乘车。
(3)充分利用线路和车辆的能力。
(4)在保证运量需求的条件下,运营车数为最小值。

2. 列车运行图的基本要素

城市轨道交通列车运行图组成要素分为三类:时间要素、数量要素、其他相关要素。这是编制列车运行图的基础和前提。

1)时间要素

(1)区间运行时分。

区间运行时分是指列车在两相邻车站之间的运行时间标准,即列车由某站起动不再停车,按规定速度运行至另一站完全停稳这一系列作业所需要的时间。这个时间是以牵引计算为理论依据,并结合查标和列车试运行的方法进行确定的。

列车区间运行时分的数值取决于许多因素,其中主要有机车车辆类型及构造速度、列车重量标准、列车制动力、线路平纵断面和允许速度等。为了合理地查定各种列车的区间运行时分,必须正确规定及计算有关的各种单项技术标准,同时按照各种列车和上下行方向分别查定。

列车区间运行时分还应根据列车在每一区间的两个车站上不停车通过和停车两种情况分别查定。列车不停车通过两相邻车站所需的区间运行时分称为纯运行时分。因列车到站停车和停站后出发而使区间运行时分延长的时分称为停车附件时分和起车附加时分。起停车附加时分应根据列车种类及进出站线路平面、纵断面条件,分别计算查定。因此,列车区间运行时分有四种情况,即通通、通停、起通、起停,如图 4.10 所示。

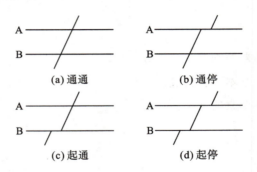

图 4.10

在实际运行中,由于列车性能、列车重量、驾驶员熟练程度的不同,实际的区间运行时分与牵引计算值之间存在一定误差。但随着时间的推移,在适当的条件下,可以对区间运行时分进行修正,以达到充分发挥各项设备能力的目的,满足运营的需要。

(2)停站时间。

停站时间是指列车停站作业(包括加减速、开关车门)、乘客上下车等所需要时间的总和。

列车停站时间的长短取决于旅客乘降的需要,它与车站客流量的大小、客车车门数的多少、车站的疏导和管理有关。

为了保证乘客的安全,车辆只有在停妥的情况下才能开、关车门,车门开关的时间与车辆的类型有关,如果站台上采用屏蔽门设置,还要考虑屏蔽门与车门之间的时间差。

乘客上、下车的时间与乘客数量多少(主要考虑高峰期人数)、车辆车门数和宽度、站务员的疏导管理等有密切的关系。根据统计资料,每位旅客上下车约需 0.6 s。

在停站时间的实际确定过程中,除个别客流量较大的车站外,一般车站的停站时间应控制在 20~30 s,停站时间过长不仅会降低列车旅行速度,在高密度行车情况下,还会影响到后续列车的运行。

(3)折返作业时分。

折返作业时分是指列车到达终点站/区间站进行折返作业的时间总和,包括确认信号的时间、出入折返线的时间、办理进路时间、司机走行或换岗时间等。折返作业的时间受折返线折返方式、列车长度、列车制动能力、信号设备水平、司机操作水平等多因素的影响。

(4)追踪列车间隔时间。

在自动闭塞区段,列车以闭塞分区为间隔运行,称为追踪运行。追踪列车之间的最小间隔时间,称为追踪列车间隔时间。追踪列车间隔时间取决于同方向列车间隔距离、列车运行速度及信联闭设备类型。

列车追踪时间的最小值是由所采用的信号系统、车辆性能、折返能力、旅行时间、停站时间、投入运行的列车数等多种因素决定的。在城市轨道交通系统的运营高峰时,线路上个别车站的客流量大,上、下车时间较长。在固定设备和运营模式固定的条件下,应尽可能压缩停站时间,提高输送能力,同时,最小追踪间隔时间应留有一定的余量,当列车运行偏离运行图时,便于行车调度员采取必要的调整措施,使整个系统的运行尽快恢复正常。

(5)列车出入停车场的作业时间。

列车出入停车场的作业时间指列车从车辆停车场到达与其衔接的车站正线或返回的作业时间,可以采用查标的方式确定。

(6)营运时间。

营运时间是指城市轨道交通运营线路运送乘客的时间。它一般和该城市的工作时间及生活习惯有关。一般说来,各国城市轨道交通系统均有一定的夜间时间(2~6 h 不等),用作设备、设施的维修和保养时间。

(7)停送电时间。

停送电时间指每天营运开始前送电和运营结束后停电所需操作和确认的时间。

2)数量要素

(1)全线分时段客流分布。

全线分时段客流分布可根据客流的时间分布进行预测、调查分析,确定不同峰期时段的客流量。根据不同时段的客流分布特征,技术人员可对列车运行图峰期时段进行划分设置,并合理安排列车编组数、列车运行列数等。

(2)满载率。

①列车满载率:列车实际载客量与列车定员数之比。计算公式如下:

$$列车满载率 = 乘客密度 / 车辆定员 \times 100\%$$

编制列车运行图时,既要保证一定的列车满载率,使运输能力得到充分利用,又要留有一定余地,以应对不可测因素带来的客流量波动,同时也要考虑乘客的舒适度。

②线路断面满载率:在单位时间内特定断面上的车辆载客能力利用率。计算公式如下:

$$线路断面满载率 = 单向最大断面客流量 / (客运列车数 \times 列车编组辆数 \times 车辆定员) \times 100\%$$

线路断面满载率既反映了高峰小时开行列车对最大客流断面的满载程度,也反映了乘客乘坐列车的舒适程度。为了提高车辆运用效率、降低运输成本、提高经济效益,在编制列车运行图时,轨道交通系统多采用列车在高峰小时适当超载的做法。

③列车最大载客量:列车最大载客量是指列车根据定员载客量和线路断面满载率计算的允许运送的最大乘客数。计算公式如下:

$$列车最大载客量 = 列车定员 \times 线路断面满载率$$

(3)运用车辆数。

运用车辆数是指为完成日常运输任务而配备的技术状态良好的车辆数。运用车的需要数与高峰小时开行列车数、列车周转时间及列车编组辆数等因素有关,计算公式如下:

$$运用车辆数 = (高峰小时开行列车数 \times 列车周转时间 \times 列车编组辆数) / 60$$

当列车在折返站的出发间隔时间大于高峰小时的平均运行间隔时,可在折返线上预留列车进行周转,此时运用车辆数需要相应增加。

(4)备用车。

为了适应客流变化,确保完成紧急运输任务及预防运用车发生故障,必须有若干技术状态良好的备用车辆。备用车的数量一般控制在运用车辆数的10%左右。备用车原则上停放在车辆段或车场内,但根据线路的客流特征、车辆段位置、运行方案安排,可适当安排少数备用车停放于线路两端终端站或具备存车和折返能力的中间站,方便首末班车的发车,减少空驶里程,提高运营效率;另外,可对行车调度员在运用车故障或发生突发事件时进行运行调整时带来一定的灵活性和便利性，一定程度地缩短故障恢复时间、减少事故影响范围。

(5) 出入库能力。

单位时间内通过出入库线进入运营线的最大列车数，称为出入库能力。

由于车辆基地与接入车站之间的出入库线有限，加之出入库列车进入正线受正线通过能力的影响。因此，出入库能力的大小是编制列车运行图的一个重要因素。

3）其他相关要素

其他相关要素是指除了时间、数量要素以外，对编制列车运行图有一定影响的因素。

(1) 城市的公共设施。

城市中有大量客流聚集的公共设施，如大型体育场、娱乐中心、商业中心、大型工矿企业等，这些场所经常会有短时间的大量的突发客流，对城市轨道交通的正常运营带来一定的考验，造成一时的运力和人力紧张。

(2) 列车试车作业。

检修完毕的车辆，应首先在车辆检修基地的试验线上进行试验，各项指标合格后才能投入运营，有时候，某些项目的测试需要到正线上才能完成，此时，需要在运行图上做出适当的安排。

(3) 车辆检修作业。

经过一定时间的运营后，车辆需要进行定期的维修和保养，因此需要合理安排列车运行时间和检修时间，保证每列车都有日常的维护保养时间，使各列车均衡使用。

(4) 驾驶员作息时间安排。

驾驶员的作息时间与列车交路、交接班地点、途中用餐、工时考核等因素有关，应均衡安排好驾驶员的休息时间和工作时间。

知识拓展

ThingJS-X智慧地铁解决方案是基于零代码数字孪生平台，打造的智慧地铁解决方案。三维可视化能力结合数据场景联动，实现车站的站厅层、站台层、设备层的逐级可视。同时，支持集成物联网设备数据，构建车站管理的监控、预警、诊断、分析一体化的智慧地铁平台，提升地铁服务质量，降低安全风险和影响。

▶ 任务5 编制列车运行图

任务目标

(1) 了解编制列车运行图需要准备的资料。

(2) 了解编制列车运行图的步骤。
(3) 了解列车运行指标计算方法。

学习内容

1. 准备列车资料

①全线各区段分时班次计划(取决于需求);
②列车最小运行间隔;
③列车在各区间计划运行时分;
④列车在各站的计划停站时间;
⑤列车在折返站/折返线上的折返及停留时间;
⑥列车出入车辆段的时间标准;
⑦可用列车或动车组数量;
⑧换乘站能力及其使用计划;
⑨系统开始营业时间和营业结束时间;
⑩列车交路计划,指存在长短交路配合时的情况;
⑪供电系统作业标准及计划;
⑫乘务组工作制度、乘务组数量及工作时间标准;
⑬运行实绩统计;
⑭沿线设备运用及进路冲突数据。

2. 了解编制列车运行图的步骤

①按要求和编制目标确定编图的注意事项;
②收集编图资料,对有关问题组织调查研究和试验;
③对于修改运行图,应总结分析现行列车运行图完成情况和存在的问题,提出改进意见;
④确定全日行车计划;
⑤计算所需运用列车数量;
⑥计算所需运用列车与草图;
⑦征求调度部门、行车和客运部门、车辆部门的意见,对行车运行方案进行调整;
⑧根据列车运行方案制订详细的列车运行图、列车运行时刻表和编制说明;
⑨对列车运行图的编制质量进行全面的检查,并计算列车运行图的指标;
⑩将编制完毕的列车运行图、时刻表和编制说明报有关部门审核、批准、执行。

3. 计算列车运行图指标

1）检查运行图的编制质量

①运行图上铺画的列车数和折返列车数是否符合要求；
②列车运行线的铺画是否符合规定的时间标准；
③列车在车站折返时，同时停在折返线的列车数是否超过该站现有的折返线数；
④换乘站的列车到发密度是否均衡；
⑤列车乘务员的工作和休息时间是否符合规定的时间标准。

2）计算列车运行图的各项指标

①列车列数和折返列数；
②旅客输送能力；

旅客输送能力＝旅客列车数×列车定员

③高峰小时运用列车数；

高峰小时运用列车数应按早高峰和晚高峰分别计算；

④全日车辆总走行公里；

全日车辆总走行公里＝∑（旅客列车数×列车编成辆数×列车运行距离）

⑤车辆日均走行公里；

车辆日均走行公里＝全日车辆总走行公里/全日车辆运用数

3）准备实行新的列车运行图

①发布施行新图的命令；
②印刷并分发列车时刻表；
③拟定保证实现新图的技术组织措施；
④组织工作人员学习新图，使工作人员了解、熟悉新图；
⑤根据新图的规定，组织各站段修订《行车工作细则》；
⑥做好车辆和司乘人员的调配工作。

小贴士

列车开行方案是列车运行图制订的先导环节，列车开行方案规定了列车的交路类型、编组大小、开行对数和停站序列，然后列车运行图将其进一步细化。

知识拓展

地铁运行图编制过程中，有很多环节需要人工完成，因此可以将运行图编制分为四个阶段，一是工作人员在接收编制好的行车方案以后,根据方案使用辅助工具,例如 Excel 或 Auto CAD 等,绘制符合行车方案的地铁运行轨迹,以此形成地铁运行图基本框架,但是在此过程中应该注意首先满足高峰时段行车对数,提高列车运行效率;二是根据地铁车辆运行监测要求以及车辆上下线计划,调整地铁运行图构架,并且对运行图进行优化,形成终稿;三是在运行终稿的基础上,工作人员将列车自动监控系统中的时刻表数据录入系统中;四是编图人员将列车运行图表中的列车运行时刻表,编辑成各种形式,下发到相关的车辆工作人员手中。从人工编制地铁运行图的过程来看,其工作量大,并且工作过程复杂,效率低,易出现错误的地方多,因此为了提高地铁运行图编制效率和质量,需要开发出一套功能灵活、操作具有统一性、结果输出多样化、系统便于扩展的第三方运行图编制软件,这也是地铁行车管理过程的必然选择。

任务 6　列车时刻表

任务目标

(1)掌握运营时刻表编制总则。

(2)掌握运营时刻表编制要求。

(3)了解运营时刻表编制时机。

(4)了解运营时刻表编制流程。

学习内容

1. 运营时刻表编制总则

(1)运营时刻表是地铁运输工作的综合计划和行车组织工作的基础,凡与列车运行有关的部门都必须根据运营时刻表的要求组织本部门的工作。

(2)地铁运营行车组织指挥工作,必须坚持安全生产的方针,贯彻高度集中、统一指挥、逐级负责的原则。

(3)运营时刻表是采用列车运行图计算机编制系统(TPM)或线路信号系统配备的 ATS 时刻表编辑工作站编制;若 TPM 系统故障或功能不具备时,由 ATS 时刻表编辑工作站编制;若两者均故障时由编图人员手工编制。

(4)《城市轨道交通运营技术规范》是地铁线路运营时刻表编制和管理的基本法规,地铁从事运输工作的人员必须认真学习,严格执行。

2. 运营时刻表编制要求

（1）保证列车运行安全。编制运营时刻表时必须遵守有关规章制度和各项作业程序，符合各项技术作业标准。

（2）适应乘客输送需求。根据线网客流变化规律，兼顾客流需求与经济运行，依据"高峰满足客流、低峰满足服务"的总体要求，并考虑客流量的波动程度留有一定冗余，使时刻表具有一定弹性，以适应日常运输生产和列车秩序变化的需要。

①高峰时段，当最大运力能满足运量需求时，原则上车厢拥挤度超过 100% 不超过 15 分钟，市郊线路可根据客流情况及相关要求确定。当最大运力无法满足运量需求时，在人员、车辆、设备能力范围内，实现最小行车间隔。

②平峰时段，原则上车厢拥挤度超过 80% 不超过 15 分钟。低峰时段，原则上车厢拥挤度超过 70% 不超过 15 分钟。遇执行多交路运输方式行车间隔应根据历史行车服务水平和客流情况而定。

（3）充分利用线路设备能力，经济合理地运用电客车。在保证运力和服务水平的情况下，根据客流特点，通过运行交路优化、峰期优化、行车间隔合理过渡、不成对开行等方式，实现运力精准投放，集中运力解决突出区段客流。

（4）原则上换乘站应在运行技术参数允许的条件下，考虑高峰时段上下行列车错时到达，缓解站台压力，并根据换乘客流情况确定换乘站首末班车时间合理衔接。

（5）努力实现运营时刻表相关因素间的协调和均衡，持续、有效地挖掘运输潜力。

3. 运营时刻表编制时机

（1）新线试运行及试运营演练、正式开通运营时。

（2）按既有运营线路年度运输计划中的运营时刻表调整时间节点，在进行客运量与运能匹配情况及行车组织情况分析后，确定需要调整时。

（3）既有运营线路实际客流量规模与运能不匹配，客流规律发生较大变化，现行运营时刻表无法满足运营需求时。

（4）当既有运营线路相关技术设备、行车参数、作业流程、行车组织方式等发生较大变化，导致既有运营时刻表无法继续执行时。

4. 运营时刻表编制流程

（1）调度部确认满足运营时刻表编制或调整时机后，组织编制运营时刻表调整方案，提报技术部进行审核。调整方案应有明确的调图原因、具体方案和注意事项等内容。

（2）技术部牵头各部门组织对运营时刻表调整方案进行审核，并牵头组织修订运营时刻表调整方案。

(3) 技术部负责将审核确定的运营时刻表调整方案上报至分管副总经理,组织专题会议进行审议。

(4) 调度部根据分公司领导审议通过后的运营时刻表调整方案和基础参数铺画相应运行图、时刻表,并负责组织新编运营时刻表、运行图、执行说明及运作命令的会签、修订及发布。必要时,组织召开调图准备会,协调解决运营时刻表相关问题。

(5) 各部门按照新的运营时刻表安排本部门工作。

小贴士

列车时刻表是全路组织列车运行的基础,是用来表示列车在铁路区间运行及在车站到发或通过时刻的技术文件。

知识拓展

据历史学家研究,1839年,乔治·布拉德肖制造了最早的时刻表,并于同年发行。1847年12月11日,英国的铁路工作者以英国格林尼治天文台时间为标准。1855年,英国大部分时钟都开始使用格林尼治时间。1883年11月18日,美国铁路部门正式实施五个时区的时间划分标准。1884年,在华盛顿子午线国际会议,正式通过采纳佛莱明时区划分标准,称为世界标准时制度。

想一想

1. 什么是城市轨道列车运行图?
2. 列车运行图的作用与意义是什么?
3. 列车运行图与列车时刻表有什么关系?
4. 列车运行图分为哪些类型?
5. 绘制列车运行图前应做哪些准备工作?
6. 列车运行图有哪些主要要素?
7. 编制列车运行图有哪些原则?

练一练

根据所在城市任一线路列车运行参数,试编制一张列车运行图。

项目五　正常情况下行车组织

项目描述

本项目主要介绍城市轨道交通正常情况下的行车组织方式。本项目主要内容包括城市轨道交通行车组织运行模式、组织结构、调度控制及调度命令等。

学习目标

(1) 掌握城市轨道交通行车组织方式。
(2) 掌握城市轨道交通正常情况下的运行模式。
(3) 掌握城市轨道交通行车调度职责及组织结构。
(4) 掌握城市轨道交通调度集中控制及调度监督下行车组织方法。
(5) 掌握行车调度命令分类、内容及应用要求。

素质目标

(1) 培养学生遵纪守法、严谨作业的精神。
(2) 培养学生的责任感意识,培养学生技能报国的情怀。
(3) 为学生树立新时代新发展理念。

能力目标

(1) 能够叙述城市轨道交通行车组织方式。
(2) 能够设置城市轨道不同运行模式,完成模式间转换。
(3) 能够说明城市轨道交通行车调度主要职责。
(4) 能够说明城市轨道交通正常情况行车组织方法。

任务 1　城市轨道交通行车组织方式及原则

任务目标

(1) 掌握城市轨道交通行车组织方式。
(2) 掌握城市轨道交通行车组织原则。
(3) 了解行车运行指挥日常工作内容。

学习内容

1. 城市轨道交通行车组织方式

城市轨道交通行车组织包含列车运行组织和接发车两项工作,由控制中心和车站两级完成。

目前,城市轨道交通的信号系统普遍采用 ATS 系统,所以车站原则上不办理接发车作业,控制中心和车站可对列车运行状况进行监视。只有当信号联锁故障,需要人工排列进路组织列车运行及列车退行等特殊情况时,才办理接发车作业。

接发车作业的办理程序:①办理闭塞;②布置和准备进路;③开放(关闭)信号或作业凭证;④接送列车;⑤开通区间。

2. 城市轨道交通行车组织原则

(1) 在 ATC 系统正常的情况下,客车以 ATO 模式驾驶,驾驶员需要在客车出库或交接班时输入乘务组号。

(2) 目的地和车次信息的获取。在有 ATS 计划运行图时,客车进入正线运行时自动接收目的地及车次信息;没有 ATS 计划运行图时,客车在正线运行时,驾驶员或者行车调度员输入目的地编码和车次信息。

(3) 行车时间以北京时间为准,以 0 时为界,0 时以前办理的行车手续,0 时以后仍视为有效。

(4) 正常情况下,正线上驾驶员凭车载信号显示或者行车调度员的命令行车,按运营时刻表和 DTI 显示时分掌握运行及停站时间。

(5) 在非正常情况下,驾驶员应严格掌握进出站、过岔、线路限制等特殊运行速度。

(6) 客车在运行中,驾驶员应该在前端驾驶,推进运行时,则以地面信号和调车专用电台为主,以手信号为辅。

(7) 调度电话、车站无线电话用于行车联系工作,须使用标准用语。

(8) 客车驾驶员可以使用客车广播系统向乘客进行人工广播,遇到信息广播故障时,可以人工广播,当人工广播也不能使用时,则报告行车调度员,按行车调度员的指示办理。

(9) 客车晚点处理。比照运行时刻表,单程每列晚点 3 min 以内为正点,3 min 及以上为晚点。行车调度员应根据客车晚点情况及时采取措施,及时调整客车运行。

3. 行车运行指挥日常工作内容

列车运行指挥是整个运输生产活动的中心,在我国的大部分城市,通常由行车指挥调度控制中心担任城市轨道交通系统的列车运行指挥工作,它是城市轨道交通系统的运营生产指挥部门,负责所辖一条或多条轨道交通线路行车、电力、消防环控及票务等的运行调度和突发事件处理等工作。全线的行车工作由行车调度员负责统一指挥。与行车有关的人员,须服从行车调度员指挥、执行行车调度员命令。

> **小贴士**
>
> 正常情况下列车应按双线、右侧单方向运行。直线型线路行车方向以自西向东、自南向北为上行,以自东向西、自北向南为下行;环形、半环形线路以外环(逆时针方向)为上行,以内环(顺时针方向)为下行。对角线方向线路应按照东西方向及南北方向线路区段所占比重,以比重较大的区段方向判定上、下行。

任务 2　正常情况下列车运行模式

任务目标

(1) 掌握城市轨道交通运行模式。

(2) 掌握城市轨道交通不同运行模式特点。

学习内容

城市轨道交通正常情况下有 4 种运行模式:自动驾驶模式(ATO)、ATP 监控下人工驾驶模式(SM 模式)、限制人工驾驶模式(RM)及非限制人工驾驶模式(URM)。

列车在正线、折返线运行时采用自动驾驶模式和 ATP 监控下人工驾驶模式,限制人工驾驶模式及非限制人工驾驶模式为非常用模式。

1. 自动驾驶模式

本模式是在司机监视下的自动驾驶模式。

进入本模式后,在 ATP 设备安全保护下,车载 ATO 设备自动控制列车加速、巡航、制动、惰行,并控制列车在车站停车位置、开关车门。司机只需监督 ATP/ATO 车载设备运行状况,除发车需要司机确认外,其他不需要司机操作。

列车车门和屏蔽门可自动控制也可手动控制。控制方式:①自动开门,自动关门;②自动开门,人工关门;③人工开门,人工关门。

2. ATP 监控下人工驾驶模式

本模式用于 ATO 故障,但车载与轨旁 ATP 设备良好的情况下使用。本模式下列车由司机控制,列车运行安全由 ATP 系统控制。

本模式具有以下特点:

(1)列车启动后,车载 ATP 设备根据地面设备提供的信息,自动生成连续监督列车运行的速度模式曲线,实时监督列车运行。当列车运行速度接近 ATP 系统设置限制速度时,ATP 通过声、光等报警信号提醒司机注意,如果司机未采取措施,列车速度达到并超过了限制速度,ATP 系统将采取紧急制动措施。

(2)ATP 系统把监视到的所有驾驶信息在车载信号显示器上显示出来,司机根据 ATP 显示的驾驶信息人工驾驶列车。

小贴士

> 列车运行过程中遇到紧急情况时,司机或 ATP 系统迅速启动紧急制动,一旦实施紧急制动,必须待列车停稳、排除故障(若存在列车故障)后方可重新启动列车。

案例

2015 年 5 月 26 日 8 时 40 分,南京开往经天路方向一列地铁行驶过程中,一名一岁儿童因发烧在车厢内抽搐,紧急情况下,热心乘客拉下列车"紧急制动解锁"装置,致使列车停车于隧道内,部分车门无法打开,司机了解情况后,经过特殊操作,启动二次进站,待列车进站后,紧急联系 120 完成对生病儿童的救助。本次列车行车事件造成列车延误 2 分钟。

从本次事件可以看出,当列车行驶过程中有旅客突发急病,应当立即使用列车对讲设备联系司机,司机能够马上联系车站并迅速联系救护中心 120,节约救助时间,如果在列车行驶过程中实施紧急制动,造成列车区间停车,反而延误了救助时间。

3. 限制人工驾驶模式

在联锁设备故障时,ATO模式失去作用,需要降级运行,此时应采用限制人工驾驶模式。进入本模式后,司机对列车运行完全负责。通常列车的运行速度不超过25 km/h。

在联锁设备故障情况下,限制人工驾驶模式作为降级运行模式投入使用。

4. 非限制人工驾驶模式

车载ATP设备故障时,必须降级至非限制人工驾驶模式。在接到通知后,司机必须使用特殊钥匙才能进入本模式。进入本模式后,列车运行安全由行车调度员、车站值班员与司机共同保证。

非限制人工驾驶模式在车载ATP设备故障状态下运用,ATP将不对列车运行起监控作用。

5. 驾驶模式间转换

驾驶模式转换应遵循安全、高效、操作简单的原则,以确保驾驶模式转换时列车运行安全。各模式间转换可采用人工转换,在特殊情况下也可实现自动转换,如表5.1所示。

表 5.1

原驾驶模式	转换后驾驶模式			
	ATO自动驾驶模式	ATP监控下的人工驾驶模式	限制人工驾驶模式	非限制人工驾驶模式
ATO自动驾驶模式		无论列车处于运行或停车状态,司机都可使列车立刻处于该模式	正线需停车后人工转换;在出入段/场线转换轨,当速度低于25 km/h时可不停车转换	驾驶员确认列车停车后,使用ATC切除开关切除ATC

续表

原驾驶模式	转换后驾驶模式			
	ATO自动驾驶模式	ATP监控下的人工驾驶模式	限制人工驾驶模式	非限制人工驾驶模式
ATP监控下的人工驾驶模式	列车处于运行(满足一定条件下)或停车状态,司机均可使列车处于该模式		正线需停车后人工转换;在出入段/场线转换轨,当速度低于25 km/h时可不停车转换	驾驶员确认列车停车后,使用ATC切除开关切除ATC
限制人工驾驶模式		列车获得定位并接收正确的移动授权后,自动转换为该模式		驾驶员确认列车停车后,使用ATC切除开关切除ATC
非限制人工驾驶模式			车载ATP设备可用时,列车停车后,驾驶员将ATC切除开关恢复至ATC正常位	

小贴士

　　行车组织方法的功能层级由高至低包括移动闭塞法、准移动闭塞法、进路闭塞法、电话闭塞法等。行车调度人员应根据信号系统具备的功能层级,由高至低使用相应的行车组织方法。

知识拓展

　　运营单位应合理安排驾驶员工作时间,单次值乘的驾驶时长不应超过2 h,连续值乘间隔不应小于15 min。运营单位应配备酒精检测等设备,有条件的可配备毒品检测设备,在出勤时通过检测、问询等方式对驾驶员状态进行检查。列车进站时,驾驶员应确认列车在车站指定位置停稳后方可开启车门及站台门;车门与站台门的关闭时间应相匹配,驾驶员在列车启动前,应通过目视或其他技术手段确认车门及站台门关闭,且无夹人夹物。

任务 3　行车调度指挥工作概述

任务目标

(1)掌握列车运行调度的基本任务。
(2)掌握列车运行调度组织结构。
(3)掌握列车运行调度各岗位职责。

学习内容

城市轨道交通系统是技术密集型的公共交通系统,行车调度工作由调度控制中心实施,实行安全第一、集中领导、统一指挥、逐级负责的原则,以使各个环节紧密配合、协同动作,从而保证列车安全、正点的运行。

1. 列车运行调度的基本任务

列车运行调度的基本任务是科学地组织客流,经济合理地使用车辆及其他运输设备,挖掘运输潜力,与运输有关部门密切配合、协同作业,确保列车按图行车,圆满完成运输生产任务,更好地服务于人民的生活。

2. 调度指挥层次及结构组成

(1)运营指挥分为一级、二级 2 个指挥层级,二级服从一级指挥。
(2)一级指挥:行车调度员、电力调度员、环控调度员、客运调度员和设修调度员等。
(3)二级指挥:值班站长、信号楼调度等。
(4)各级指挥要根据各自职责任务独立开展工作,并服从运营控制中心值班主任总体协调和指挥。

3. 调度岗位主要职责

1)控制中心(OCC)的职责

运行公司下设总控部,控制中心是总控部下的执行机构,其职责主要有以下几点:
(1)控制中心代表集团公司负责指挥全线网的运营工作,是轨道交通线网运营、行车组织、日常维护的指挥中心。

(2)控制中心是轨道交通运营信息的收发中心。

(3)控制中心代表集团公司与外界协调联络轨道交通运营支援工作。

2）总调度长的职责

运行公司设置总调度长，是代表集团公司和运行公司进行线网运营、管理和突发事件、事故处理工作的最高现场负责人。其负责接受上级和集团公司领导相关指示，以及线网运营的统一组织、指挥、协调工作。各线、各岗位人员都须服从总调度长的指挥。

3）线路值班主任的职责

线路值班主任是运行公司各线路的运营组织、管理责任人，负责各线路的各岗位人员的工作安排和运营工作的统一指挥。

在发生突发事件、事故时，各线路值班主任须及时向总调度长报告相关信息，提供本线路各岗位处理突发事件、事故的方案，并负责组织实施本线路跨专业、跨部门的抢险指挥，负责其他线路突发事件、事故在本线路的配合处理指挥。

4）行车调度员岗位职责

行车调度员是一个调度区段行车工作的指挥者。其负责监控列车的运行状况，及时掌握列车运行、到发情况，发布调度命令，检查各站、段执行和完成行车计划情况，并且在列车晚点或出现事故时，组织和指挥车站工作人员、列车乘务员，以及相关的各个部门及时采取相应措施，尽快恢复列车运行，减少运营损失。

小贴士

行车调度命令分为书面命令和口头命令，书面命令包含纸质命令和电子命令。书面命令要素应包含发令日期、时间、命令号码、发令人、命令内容、受令人。口头命令要素应包含命令号码、命令内容、受令人，发令人应使用普通话和行车标准用语。受令人应复诵命令内容，命令记录应至少保存1年。

知识拓展

行车指挥层级自上而下分为线网监控级、线路控制级和现场执行级，下级服从上级指挥。线网监控级负责监控线网运行状态、统筹线网运营生产、指挥应急情况下线网列车运行调整，以及对外联络协调。线路控制级负责本线路的运营状态监控、运行调整和应急指挥。现场执行级负责具体执行行车计划及现场应急处置。

任务 4　调度集中控制下的行车组织

任务目标

(1)掌握行车指挥自动化系统的功能。
(2)了解调度集中控制下行车组织信息。

学习内容

1. 行车指挥自动化系统的功能

(1)由基本列车运行图或者计划列车运行图生成使用列车运营图。
(2)跟踪正线列车运行,显示各车站发车表示器开闭、进路占有、列车车次、列车状态等信息。
(3)自动或人工控制辖区内各车站的发车表示器、道岔及排列列车进路。
(4)自动或人工进行列车运行调整。
(5)自动绘制实际列车运行图。
(6)自动生成运营统计报表。

2. 行车指挥自动化系统需要掌握的信息

(1)线路上列车运行和分布情况。
(2)区间和站内线路的占用情况。
(3)信号机的开放情况。
(4)发车显示器的显示状态。
(5)道岔的开通位置。
(6)根据进路、信号、道岔之间的联锁关系生成运营统计报表。

小贴士

城市轨道交通车站行车人员应做好日常行车监控。当切除列车自动防护(ATP)或采用点式 ATP 运行等特殊情况时,车站行车人员应根据调度命令,严密监控列车运行和站台情况,遇紧急情况应及时采取措施。

任务 5　调度监督下的行车组织

任务目标

(1) 掌握调度监督的功能。
(2) 了解控制中心与车站控制权转换方法。
(3) 了解进路办理与进路取消的程序。

学习内容

1. 调度监督的功能

调度监督是一种行车调度员能监督现场设备和列车运行状态，但不能直接进行控制的远程监控设备。城市轨道交通使用调度监督主要是当 TAS 系统故障或者新线信号系统尚未调试完成时，此时的行车方式是在调度监督下的半自动控制方式。调度监督的主要功能：①显示各车站出站信号机开闭、区间闭塞、列车运行状态、到站车次电能信息；②存储和打印列车运行时刻和出站信号机开放时刻等运行资料。

2. 调度监督下的半自动行车组织方式

(1) 利用车站信号控制系统的联锁功能，车站行车值班员可对进路排列、道岔转换、信号开放实行人工操作。
(2) 控制中心可实时反映进路占用、信号机道岔等的工作状态，对进路列车进行监护。
(3) 控制中心可存储信号开放时刻、道岔动作、列车运行等各类运行资料，可根据需要调用。
(4) 车站可根据中央指令对列车运行进行调整。
(5) 自动绘制或人工绘制列车实际运营图。

3. 控制中心和车站间转换控制权

正常情况下，控制权在控制中心，行车控制台处于"遥控"状态，进路办理与取消、信号机开放与关闭由行车调度员依据运行图或临时运行计划操作完成。车站值班员只能查看设备运行状态，无法进行上述操作。

当控制中心发生设备故障或出现无法由控制中心进行远程控制的情况时，需要车站值班员依据列车运行图或行车调度员下达的运行计划办理、取消进路，开闭信号。车站值班员要对行车控制台进行控制,必须进行车站控制权转换。首先需要转换为车站控制,然后进行控制操作。

1)控制权下放的情况

(1)调度集中设备对所控制的道岔或信号不能控制时。

(2)调度集中设备表示盘失去复示作用或不能正确复示时。

(3)停止使用超速防护自动闭塞法时。

(4)整修设备时。

(5)清扫道岔时。

(6)行车及调车作业中发生了必须由现场办理的情况时。

2)车站接收控制权程序

(1)接受调度命令。

(2)核对列车运行计划。

(3)确认列车车次、车号及运行位置。

(4)检查控制台显示状态。

(5)确认按钮在非使用状态。

(6)适时破封按下"站控"按钮,接收控制权。

3)上交控制权的作业程序

当控制权中心设备恢复正常或必须由车站及现场进行办理的相关作业已办理完毕,控制中心具有行车组织能力,控制权将收回控制中心。程序如下:

(1)接受调度命令。

(2)核对列车运行计划。

(3)确认列车车次、车号及运行位置。

(4)检查控制台显示状态。

(5)确认除"站控"按钮以外的其他按钮在非使用状态。

(6)适时抬起"站控"按钮,上交控制权。

(7)通知信号人员加封。

4. 进路办理与取消

1)进路办理

原则:"四看四记准":一看运行图——记准车次、进路、开点;二看运用计划——记准表号、车组号;三看《行车日志》——记准闭塞要素;四看控制台——记准联锁关系、其他列车运行位置。

(1)单独办理进路的作业程序。

①接收控制权后,与列车运行计划进行核对;

②用进路始、终按钮排列进路;

③防护进路信号机开放、排列进路表示灯熄灭,进路办理完成。

(2)办理自动进路的作业程序。

①接收控制权后,与列车运行计划进行核对;

②按下(或点击)自动(或自动折返)按钮,设备根据列车运行自动排列正线进路或折返进路。

2)进路取消

(1)接近区段无车占用,单独取消进路的作业程序。

①与运行计划进行核对,确定需取消的进路;

②按下"总取消"按钮,按钮表示灯亮后,按下相应进路"始端"按钮;

③白光带熄灭,防护该进路的信号机关闭,进路取消完成。

(2)接近区段无车占用,取消自动进路的作业程序。

①与运行计划进行核对,确定需取消的进路;

②抬起相应"自动"按钮;

③按下"总取消"按钮,按钮表示灯亮后,按下相应进路"始端"按钮;

④防护该进路的信号机关闭、进路白光带熄灭,进路取消完成。

(3)接近区段有车占用,单独取消进路的作业程序。

①与运行计划进行核对,确定需取消的进路;

②通知被取消进路列车司机,确认列车停稳并设法通知司机禁止动车;

③按下"总取消"按钮,按钮表示灯亮后,按下相应进路"始端"按钮。

(4)接近区段有车占用,取消自动进路的作业程序。

①与运行计划进行核对,确定需取消的进路;

②通知被取消进路列车司机,确认列车停稳并通知司机禁止动车;

③抬起相应"自动"按钮,按下"总取消"按钮,按钮表示灯亮后,按下相应进路"始端"按钮;

④防护该进路的信号机关闭;

⑤破封(或输密码)后按下"总人解"按钮,按钮表示灯亮后,按下相应进路"始端"按钮;

⑥进路白光带熄灭,进路取消完成。

提示:

①若进路由两部分组成,则先取消靠近列车一端的进路,再取消另一段进路;

②如果接车进路由两部分组成,则先取消远离车站一端的进路,再取消另一端进路;

③如果发车进路由两部分组成,则先取消靠近车站一端的进路,再取消另一端进路;

④抬起"自动"按钮前,必须确认进路已排列完毕,不能在进路排列过程中抬起"自动"按钮;

⑤需取消自动并变更进路方向时,可提前在按自动进路方向运行的最后一列车的进路排列完成后,抬起"自动"按钮,待列车过后进路可自行解锁;

⑥接近区段有车占用情况下取消进路,不能直接使用"总人解"按钮和相应进路"始端"按钮进行操作。

> **小贴士**
>
> 调度监督是调度员在调度中心对所管辖区段的各车站信号设备状态、区间信号点的状态及列车运行情况所进行的监视。调度监督系统由设于调度中心的总机和设于各车站的分机,以及环行通信网络组成。

任务6 正常情况下的行车组织控制模式

任务目标

(1)掌握城市轨道交通信号系统正常时行车组织控制。

(2)了解 ATS 等四大系统功能不能实现时地铁信号系统控制。

学习内容

1. 信号系统功能正常

(1)列车自动监控系统(ATS)能够监控列车的运行情况,对全线列车进行自动管理。

(2)列车自动防护系统(ATP)能够监督及控制列车在安全状态下运行,并满足故障-安全原则。

(3)列车自动运行系统(ATO)能够自动控制列车运行,实现自动驾驶功能,并能够自动根据运行条件和要求完成列车启动、牵引、加减速、制动及开关门等的控制。

(4)计算机联锁(CBI)能够实现道岔、信号机、计轴设备或轨道电路之间正确的联锁逻辑关系。

2. 信号系统功能异常

在以上四个子系统部分功能暂不能实现时,会导致地铁信号系统处于不同的控制模式

(图 5.1)。

(1)移动闭塞级别(CBTC):信号系统在该级别时,所有列车控制的子系统,如 ATS、ATO、ATP、CBI 子系统功能正常且工作,能够实现移动闭塞功能及列车自动驾驶等。

(2)点式 ATP 级别(ITAP):信号系统在该级别时,仅要求 ATP 及 CBI 子系统功能正常且工作;该级别下,信号系统能够提供超速防护、信号灯冒进防护和 240 s 的运行间隔,列车需要司机人工驾驶操作。

(3)联锁级别(CBI Modes):最低等级的信号系统,仅需要 CBI 子系统功能正常且工作,能够提供固定闭塞列车间隔、联锁防护和 25 km/h 限速,无 ATC 系统的其他功能,此级别一般为 CBTC 及 IATP 级别故障后的应急级别。

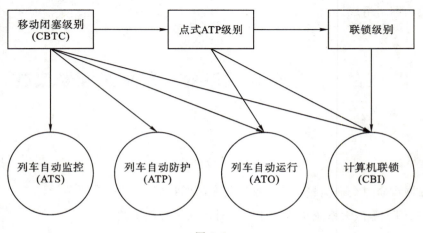

图 5.1

小贴士

城市轨道交通运营单位应合理安排驾驶员工作时间,单次值乘的驾驶时长不应超过 2 h,连续值乘间隔不应小于 15 min。

知识拓展

城市轨道交通列车运行组织方式有以下几种:

(1)单一交路行车的组织方式是指所有运营列车在两端终点站折返并循环运行的方式,适用于长度相对较短、客流分布比较均匀的线路的行车组织方式。

(2)大小交路行车组织方式是指部分列车线路在两端终点站和中途具备折返条件的车站折返,从而形成中间重合段相对密集的行车方式,适用于长度相对较长、客流高度集中在部分区间线路的行车组织方式。通过组织大小交路套跑的方式,可以把运输能力集中到大小交路重合段的上下行区域,有效提高大小交路重合段的运营服务水平。

(3)不均衡运输行车组织方式是指在交路不变的条件下,通过抽疏某一方向的部分列车或使部分运营列车中途折返,增大另一个运营方向的列车数,调整运能分布的方向、时间(原有运能前移或后移)等不均衡运输的组织方式。这一组织方式科学、合理地分配有限运力,使其与客运量需求相匹配,达到缓解上下班高峰期尖峰大客流的效果,让运能得到充分利用。

在上下行方向客流不均衡现象明显的线路中,采用不均衡运营的方式解决运量与运力的矛盾,优于实行大小交路的行车方案。

(4)Y型交路行车组织方式是指某条运营线路上的运营列车交路形成一个Y字形结构的行车组织方式。这种方式适用于Y形线路,并根据该线路的组团交换情况、客流断面情况,合理匹配的行车方式。

任务7 行车调度命令

任务目标

(1)掌握城市轨道交通行车指挥原则。
(2)掌握城市轨道交通调度命令的分类。
(3)了解城市轨道交通调度命令传达方式与编制方法。
(4)了解城市轨道交通不同形式的调度命令。

学习内容

1. 行车指挥原则

行车组织工作必须贯彻安全生产的方针,坚持安全第一、集中领导、统一指挥、逐级负责的原则,发扬协作精神。车务、车辆、维修等部门要主动配合,紧密联系,协同动作,不断提高效率、安全、准时、高效地完成客运服务工作。

在组织列车运行的过程中,行车调度员按规定在进行某些行车作业时需发布调度命令,以表示行车调度员在指挥列车运行中的严肃性和强制性。在发布调度命令前,行车调度员应详细了解现场实际情况,听取有关人员的汇报,按有关规定发布调度命令,各有关行车人员接到调度命令后,必须严格执行。

2. 调度命令的分类

调度命令是在组织指挥列车运行过程中,在进行某些行车作业时,由调度员所发布的指令。

调度命令分口头命令和书面命令。口头命令与书面命令虽然形式不同,但同样具有严肃性,工作人员须做到规范发令、严格执行。

发布调度命令的情况:控制权下放或收回;列车改按限制驾驶模式、非限制驾驶模式或后备模式运行;临时加开或停运列车;列车退出运营或变更交路;列车临时限速及取消临时限速;引导接车、列车退行或反方向运行;列车临时清客;特殊情况下封站;有关人员添乘;发生灾害等特殊情况,停站列车临时改为通过;行车调度员认为有必要的其他命令。

3. 调度命令发布要求

(1)调度命令须由行车调度员发布。

(2)发布前应详细了解现场情况,听取有关人员意见。

(3)命令内容应一事一令。先拟后发,书写调度命令简明扼要、用语标准,遇有不正确的字应圈掉后重新书写,对涉及邻调度区的重要调度命令,应取得调度长同意后发出,发令时应口齿清晰、语速中等。

(4)受令处所若为沿线各站,应根据标准填记车站全称或采用标准缩写站名。

(5)发令人、受令人、复诵人、复核人必须填写全名。

(6)命令中空缺的内容应正确填写,做到不随意涂改,如调度命令内容与固定格式中虚体字内容相吻合时,应及时描实,不需要的虚体字内容用横线划掉。

(7)下达命令时,命令号每天由1至100顺序循环使用,每一个循环不得漏号、跳号、重号使用,发令时间按实际时间填写,并如实记录在调度命令登记簿上,不随意涂改,如有涂改,应由发布命令的调度员盖章确认,发布调度命令后,应及时将调度命令按照顺序号装订成册,做到不遗漏,不颠倒顺序。

(8)在日常执行中如无法及时把调度命令交付驾驶员,应适时完成补交手续。

4. 调度命令的传达

行车调度员向驾驶员发布调度命令时,当驾驶员未离段/厂前,应发给车辆段/停车厂运转值班室,由其负责转达。当列车已出厂/段,应由行车调度员直接发布。

行车调度员应使用无线通信系统向驾驶员、行车值班员发布调度命令或口头指示(在通信记录装置故障时,只可以使用调度命令)。有关人员必须复诵正确,调度命令内容可执行的条件具备后,行车调度员才可以发布授权执行命令。

正常情况下,发布书面调度命令要按"一拟稿、二签认、三发布"程序办理。ATS系统故障,改用行车调度电话发布书面调度命令时,要按"一拟稿、二签认、三发布、四复诵核对、五下达命令号码和时间"程序办理。

5. 调度命令号码的编制

调度命令号码的编制应按不同工种分别编号,行车调度命令号码按日循环,其他工种调度命令按月循环。书面调度命令的号码以 001 至 100 为一组,每月按顺序循环使用。调度命令号码发出以后,无论生效与否,在本次循环中不得再次使用。(一般分为不同的岗位循环使用。如调度为 201 至 299,用到 299 后跳回 201 重新开始,值班主任为 101 至 199)

调度命令日期的划分,以 0 时为界。各级调度命令的保存期限一般为 1 年。

6. 常用书面命令

1)区间添乘命令

受令者:××站并交××驾驶员

内容:自××时起,准××单位人员××,凭令登××次列车,在×站至×站×行区间抢修施工。

2)救援命令

受令者:××站至××站,××站交××驾驶员

内容:自××时起,准××站××行故障列车清客,同时,××次,在××站清客后开救××次列车至××站(站外)与故障车连挂(牵引/推进)运行至××站(回段/折返线)。

3)限速命令

受令者:××站至××站,车辆段派班室××站(车辆段派班室)交××驾驶员

内容:自××时起,至××时止,×站至×站上(下)行线列车限速×公里/小时运行。

4)取消限速命令

受令者:××站至××站

内容:自×时起,取消×站至×站上(下)行线列车限速×公里/小时运行。

5)封锁区间命令

受令者:××站,××站交××驾驶员

内容:自××时起,至××时止,段(站)发××次至××站(站外/折返线),××站(站外/折返线)至××站(站外/折返线)封闭,准××次凭令进入封锁区间。××次至××站(站外/折返线)后,封锁区间自行解除。

7. 常用口头命令

适用情况:遇列车不能载客运营时,需令驾驶员广播清客,同时通知车站组织清客。

行调发令:命令号××,××次,××站广播清客。

驾驶员复诵:××次明白。××站广播清客。

8. 站间电话联系法

受令者:××站至××站,××站交××驾驶员

内容:因××站联锁设备故障,自发令时起,××站至××站间上(下)行正线采用站间电话联系法组织行车。

小贴士

行车调度命令是指挥列车运行的命令和口头指示,只能由行车调度人员发布。行车各相关岗位人员必须服从指挥,严格执行行车调度命令。命令记录应至少保存1年。

▶ 任务 8　调度命令的接收、转抄作业

任务目标

(1)了解城市轨道交通调度命令的接收/转抄作业要求。
(2)了解城市轨道交通调度命令的办理程序。

学习内容

1. 调度命令的接收/转抄作业要求

(1)接收书面或口头命令时,除需要填写在固化格式命令纸上的以外,其他调度命令、通知等均要直接填写在《调度命令登记簿》内,然后再进行转抄。

(2)抄收命令时,要边抄写边复诵,若未听清命令内容,要立即向行车调度员询问,严禁猜测命令内容。

(3)抄收命令时要做到不漏抄、不缺项,抄完后核对检查。

2. 交递调度命令的办理程序

(1)抄收命令后,内勤通过与行车调度员联系,查看列车运行图,核对运行计划。

(2)内勤核对调度命令、行车凭证内容(手写内容全部要进行核对),确保其准确无误。

(3)内勤通过观察控制台和核对列车运行位置,掌握调度命令、行车凭证交递时机。

(4)外勤通过阅读调度命令内容及查看列车运行图来与内勤共同核对运行计划,准确了解调度命令、行车凭证的内容和意图,明确列车车次、车号,核对调度命令、行车凭证中手写内容是否准确。

(5)外勤通过观察控制台和与内勤核对列车运行位置,掌握调度命令、行车凭证转交时机。

(6)外勤与司机核对列车车次,确认无误后将调度命令、行车凭证转交司机,并向司机说明作业内容。

提示:

(1)对于需要转交的调度命令和行车凭证,车站值班员在交接时应将命令凭证原件交与命令执行人。

(2)需要转交的调度命令及行车凭证中所有手写内容均需要在核对确认无误后方可转交。

(3)若列车需要凭调度命令、行车凭证并采用手信号发车时,调度命令、行车凭证及手信号要在同一时间内交与司机并进行展示。

小贴士

轨道交通行车调度调整列车方法有20种,常用的方法有:扣车、多停、跳停、临时限速运行、小交路折返、抽线、单线双向运行、下线、备用车运营、始发站提前或推迟开行、反方向运行等。

知识拓展

2008年4月28日凌晨4时38分,由北京开往青岛的T195次旅客列车运行至济南铁路局管内胶济下行线王村至周村东间290.8 km处,因超速,机后9至17位车辆脱轨,并侵入上行线。凌晨4时41分,由烟台开往徐州的5034次旅客列车运行至上述路段,与侵入限界的T195次列车第15、17位间发生冲突,造成5034次列车机车及机后1至5位车辆脱轨。事故造成至少72人死亡,416人受伤(其中重伤70人,受伤旅客中有4名法国籍旅客),中断行车21 h 22 min,构成铁路交通特别重大事故。

事故的原因是2008年4月23日济南铁路局曾印发了《关于实行胶济线施工调整列车运行图的通知》,其中含对该路段限速80 km/h的内容。但在4月26日,该局又发布了一个调度命令,取消了多处限速命令,其中包括事故发生段。各相关单位根据4月26日的调度命令,修改了运行监控器数据,取消了限速条件。4月28日4时02分济南局补发了该段限速80 km/h的调度命令,但该命令没有发给T195次列车,使得T195次列车在限速为80 km/h路段速度高达131 km/h,导致事故发生。

想一想

1. 城市轨道交通行车组织的原则是什么?

2. 城市轨道交通行车组织有哪些方式？常用的方式是什么？

3. 什么情况下启用ATP监控下的人工驾驶模式？

4. 什么情况下启用自动驾驶模式？在这种模式下司机的主要职责是什么？

5. 行车指挥自动化系统有哪些功能？

6. 限制人工驾驶模式在什么情况下启用？这种模式下谁为行车安全负责？

7. 什么情况下需要将控制权下放到车站办理？

8. 如何接收及上交控制权？

武汉开往西安的G286次列车因特殊原因需要减少在漯河站的停车时间，请试写出此次行车调度命令。

项目六 非正常情况下行车组织

项目描述

非正常情况下行车组织是相对于正常情况行车组织而言的,主要指由于设备故障、火灾、大客流或运行秩序紊乱等原因不能继续采用正常情况下的行车组织。

本项目首先介绍信号设备故障情况下的行车组织,然后介绍道岔故障情况下的行车组织,最后介绍轨道电路故障情况下的行车组织。

学习目标

(1)掌握信号设备故障情况下的行车组织方法及注意事项。

(2)了解道岔故障情况下的行车组织方法及注意事项。

(3)掌握轨道电路故障情况下的行车组织方法及注意事项。

素质目标

(1)培养学生发现问题、分析问题、解决问题的能力。

(2)培养学生严谨的工作态度和精益求精的工匠精神。

(3)培养学生认真、仔细的学习态度。

能力目标

(1)能够分析产生非正常情况行车的原因。

(2)能够处理非正常情况下的行车组织。

任务 1　控制设备故障时的行车组织

任务目标

（1）掌握 ATS 故障时的行车组织。
（2）掌握 ATO 故障时的行车组织。

学习内容

控制设备故障主要包括 ATS 故障、ATO 故障、ATP 故障等。对于控制设备故障，由于轨道交通系统采用的信号设备不同，处理的具体措施也不同，但基本原理相同。

1. ATS 故障时的行车组织

ATS 系统的主要功能是控制和监督列车运行。ATS 系统按列车运行图指挥列车运行，办理列车进路，控制列车发车时刻，及时收集和记录列车运行信息，跟踪列车位置、车次，绘制列车运行图，并在控制中心的模拟盘上显示列车信息及线路情况。

当 ATS 系统发生故障时，ATS 系统功能不能实现，需要控制中心人工控制所管辖线路上的信号机和道岔，办理列车进路，组织和指挥列车运行。如果控制中心 ATS 系统出现无显示等故障，则行车调度员应与联锁站办理监控权切换，实现站控。控制中心与车站控制室的工作场景如图 6.1 所示。

(a) 控制中心　　　　　　　　　　(b) 车站控制室

图 6.1

1）当 ATS 设备无显示时的行车组织

当控制中心 ATS 设备无显示时，无法实现对列车运行的监督与控制，将控制权交予联锁站

控制,其操作步骤如下:

(1)行调应授权给联锁站。

(2)联锁站值班员确认现场操作工作站(LOW 工作站)中上的"RTU 降级模式"是否激活,当"RTU 降级模式"激活时,保持原状态。若"RTU 降级模式"未激活,联锁站应在确认客车进站停稳后人工在 LOW 工作站上取消运营停车点。

(3)行调通知驾驶员在显示屏上输入当时车次号,换向运行时,输入新的目的地码和车次号,直至行调通知停止输入为止。

(4)报点站向行调报告各次列车的到开点,至行调收回控制权为止。

(5)行调以报点站为单位铺画列车运行图,至 ATS 设备恢复正常,收回控制权为止。

(6)当车站在 LOW 工作站上取消不了运营停车点时,应立即报告行调,由行调转告驾驶员,用 RM 模式驾驶客车出站,直至转换为 ATO 模式,当车站取消运营停车点而客车目标速度仍为零,且超过 30 s 时,车站值班员应报告行调,由行调指示驾驶员开车。ATO 驾驶恢复正常时,应向行调报告。

2)当 ATS 的自动排进路或联锁系统(SICAS)的追踪进路不能自动排列时

当 ATS 的自动排进路或联锁系统的追踪进路不能自动排列时,应由人工介入,在列车信号系统(MMI)或在 LOW 工作站上人工排列进路。若使用 6502 电气集中设备,其操作过程如下:

(1)车站在中央控制时,行车值班员申请站控,按下站控按钮,站控表示灯闪白灯,当中央同意后亮稳定白灯,或中央因故需下放控制权时,该灯也闪白灯。车站值班员同意后按下站控按钮,转为站控,站控表示灯亮稳定白灯。

(2)车站在站控状时,中央申请遥控,闪绿灯,值班员同意并检查站内所有道岔均在解锁状态后,恢复站控按钮,车站为中央控制状态,中央控制表示灯亮稳定绿灯。

3)列车运行图绘制

由于 ATS 系统故障会影响列车位置、车次等列车运行信息的记录,进一步影响列车运行图的自动绘制。所以,ATS 设备故障时,司机应人工输入车次号,换向运行时应输入新的车次;各规定报点站向行车调度员报告各次列车的到、开时间点,行车调度员以报点站为单位人工铺画列车运行图。

2. ATO 故障时的行车组织

ATO 系统的主要功能是站间运行控制、列车按时刻表的时间和最大可能的节能原则自动调整实际运行时分和在站内的停留时间,以及在车站的定位停车控制、车门控制及站台屏蔽门的开启等。

当 ATO 系统发生故障时,列车自动驾驶功能不能实现,司机应该立即上报行车调度员,经行车调度员同意后,切换至相应的行车降级模式——ATP 监控下的人工驾驶模式,此时列车在

ATP 车载设备的监护下,按车内速度信号显示运行。ATO 故障时控制中心与司机共同控制行车,如图 6.2 所示。

(a) 控制中心指挥行车　　　　　　　　(b) 司机按车内速度信号显示行车

图 6.2

如果有备用车,行车调度员则应安排 ATO 故障列车运行至终点站退出运营服务,备用车替换运行。

3. ATP 故障时的行车组织

ATP 系统是确保列车安全的关键设备,由地面设备和车载设备组成。列车通过地面设备接收运行于该区段列车目标速度,保证列车在不超过此目标速度情况下运行,从而保证后续列车与先行列车之间的安全距离。对于联锁车站,ATP 系统确保只有一条进路有效。ATP 系统同时还监督列车车门和车站站台屏蔽门的开启和关闭,保证操作安全。

ATP 系统故障分为地面设备故障和车载设备故障,车载设备或地面设备发生故障均会影响列车运行。

1) 地面设备故障

当 ATP 地面设备发生故障时,ATP 车载设备接收不到限速命令,无法按自动闭塞法行车。司机必须切换驾驶模式至 RM 模式,人工驾驶列车通过故障区段后,切换回正常驾驶模式继续运行。

ATP 地面设备故障处理方法如下:

(1) 如果是小范围的设备故障,可由行车调度员确认故障区间空闲后,命令司机在故障区间以 RM 模式限速运行,在经过规定数量的轨道电路后还未恢复 ATO 模式时,则以 RM 模式驾驶至前方车站或终点站。

(2) 如果是大范围的设备故障,须停止使用自动闭塞法,改变行车控制权为车站控制,按电话闭塞法组织行车。

2）车载设备故障

当 ATP 车载设备发生故障时，故障列车无法接收 ATP 限速命令，此时需要解决列车的驾驶模式问题。司机需要关闭 ATP 自动防护系统，以地面信号机显示作为列车运行依据，完全改用人工驾驶。

ATP 车载设备故障处理方法如下：

（1）ATP 车载设备发生故障时，司机根据行车调度员的命令人工驾驶列车限速运行，即以 URM 模式驾驶列车至前方站。

（2）列车到达前方站（或在车站发生故障）仍不能修复时，由车站派行车人员上驾驶室添乘，沿途协助司机瞭望，监控速度表，超速时立即按压"紧急停车"按钮。

（3）司机以 URM 模式按规定的限速继续驾驶列车至前方终点站，退出服务。

此过程中，行车调度员应随时注意 ATP 车载设备发生故障的列车运行情况，严格控制速度，以确保列车与列车之间的最小间隔在一个区间及以上。

3）列车位置及区间空闲情况确认方法

假设某时刻某线路 3 列列车的运行位置如图 6.3 所示，控制台出现红光带后，列车位置及区间空闲情况的确认方法如下：

（1）如果丁站至丙站区间出现红光带，并且有列车停于丁站站台，此时丁站可先与行车调度员核对 C 车车次，再与 C 车司机核对车次以保证车次正确，之后与丙站联系确认前行列车车次，若丙站站台无列车，同时无法确认 B 列车运行位置时，丁站可与乙站联系，确认是否有列车进入乙站，当丁站与有关站确定了 B 列车运行位置及其车次后，丁站可根据列车运行计划中的车次排序判断丁站—丙站区间占用情况。

（2）如果甲站至丙站区间出现红光带，B 列车会因信号故障迫停于乙站—丙站区间，此时乙站可先与行车调度员核对车次，再与甲站联系确认前行 A 列车车次及运行位置，与丙站或丁站联系确认后续 C 列车车次及运行位置，通过确定 A 列车与 C 列车车次及运行位置，根据列车运行计划中的车次排序判断 B 列车车次及乙站—丙站区间占用情况。

（3）如果车站能够确认列车在区间的运行位置，此时列车过后轨道区段留下红光带，对于发车区间，本站应与前方站联系，确认前发列车整列到达前方站后，可确认发车区间为故障红光带；对于接车区间，在确认列车已整列进站后，可确认接车区间为故障红光带。

核对车次和列车运行位置时，要与行车调度员、相邻车站、司机多方进行确认，以保证核对内容的准确性。

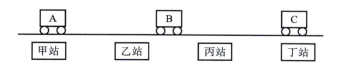

图 6.3

知识拓展

红光带：铁路技术术语。铁路控制系统中，两条轨道被列车轮对短接，控制系统中会显示红色，从而指示车辆位置。但潮湿、绝缘损坏、雷电冲击等因素也可能造成无车路段路轨被短接，显示红光带或"闪红"，令控制台难于判断实际情况。红光带是铁路较为常见的故障。

任务 2　信号设备故障时的行车组织

任务目标

(1)掌握信号机故障时的行车组织。
(2)掌握信号联锁系统故障时的行车组织。

学习内容

1. 信号机故障时的行车组织

1）防护信号机故障

防护信号机设有引导信号，该引导信号开放后具有对道岔锁闭功能。防护信号机故障时，如需要开放引导信号接车，行车值班员开放引导信号前要确认以下两件事：①道岔区段空闲；②道岔位置正确且锁闭。

确认之后，根据列车运行位置，适时开放引导信号；或者依据行车调度员的指示，司机越过该信号机继续运行。

2）顺向阻挡信号机故障

(1)列车应在信号机前一度停车，若该信号机仍未显示进行信号，列车应以随时停车的速度继续运行。
(2)到达下一个信号机前方时，按其显示要求运行。

3）区间分界点信号机故障

(1)行车值班员在确认该信号机至前方相邻区间分界点信号机或前方相邻进站信号机间区间空闲后，通知行车调度员。
(2)依据行车调度员的指示，通知司机越过该信号机继续运行。

4)出站信号机故障

出站信号机故障时,有以下3种处理方式:

(1)按进路闭塞法行车时,先确认闭塞区间空闲,再通知司机发车。

(2)按站间自动闭塞法行车时,先确认闭塞区间空闲,再通知司机发车。

(3)按电话闭塞法行车时,先递交《绿色许可证》,再按手信号发车。

2. 信号联锁系统故障时的行车组织

当信号联锁系统发生故障时,根据故障发生的地点,可分别采用不同的行车组织方法。

1)电话闭塞法组织行车

城市轨道交通信号联锁系统发生故障时,应采用电话闭塞法组织行车。电话闭塞法是在没有机械、电气设备控制的条件下,仅凭电话联系来保证列车空间间隔的行车闭塞法,安全程度较低。

改用电话闭塞法行车时的作业办法与要求如下:

①为保证同一区间在同一时间不会采用两种闭塞法,在停止使用基本闭塞法改用电话闭塞法或恢复基本闭塞法时,均应有调度命令。

②行车调度员应及时调整列车运行计划。

③车站行车值班员根据行车调度员的命令,办理闭塞,准备进路,开闭信号(或交接凭证)和接发列车。

采用电话闭塞法行车时,一个闭塞区间内只允许一趟列车占用。列车占用闭塞区间的行车凭证为路票。

(1)办理闭塞。

第一个使用电话闭塞法行车的发车站行车值班员在发车前,必须得到接车站行车值班员以电话记录号码承认的闭塞,其余列车则实行电话闭塞解除法。接车站报告发车站前次列车闭塞解除的条件:

①接车站接到发车站发车通知,该列车到达本站,并且已由本站发出或已进入折返线。

②下一列车的接车进路已准备妥当。

提示:接车站解除前次列车闭塞,即表示接车站承认后一次列车闭塞。

(2)准备进路。

接车站在准备好接车进路后,同意发车站闭塞请求,发车站准备发车进路,方法如下:

①当道岔在控制终端上表示正常时,把道岔单独操作到正确位置并使用单独锁定。

②当道岔在控制终端上无表示或表示不正常时,须人工将进路上的有关道岔开通于正确位置,使用钩锁器钩锁,并实行现场两人确定制。

> **小贴士**
>
> 手摇道岔作业需要两人共同完成,作业程序如下:
> 一看:看道岔开通位置是否正确,是否需要改变位置;
> 二开:开盖孔板及钩锁器,拆下钩锁器;
> 三摇:摇道岔使之转向所需的位置,在听到"落槽"声后停止;
> 四确认:手指尖轨,口呼"尖轨密贴开通×位",并和另一人共同确认;
> 五加锁:另一人在确认道岔位置开通正确后,用钩锁器锁定道岔尖轨;
> 六汇报:向车站行车值班员汇报道岔开通位置正确。

(3)接发列车。

发车站取得接车站同意闭塞的电话记录号码后,填发路票并交付司机,司机确认路票正确后凭车站发车指示信号开车,列车凭路票占用闭塞区间。

> **小贴士**
>
> 路票是电话闭塞法行车作业时列车占用区间的行车凭证,因此填写路票是采用电话闭塞法办理行车作业的重要环节,行车值班员在办理电话闭塞法组织行车时,对填写路票这一环节应高度重视,注意事项如下:
> ①路票须在确认闭塞区间空闲,取得接车站承认闭塞,且发车进路准备妥当后,方可填发;
> ②路票应由车站行车值班员亲自填写;
> ③填写路票时要求内容齐全,字迹清楚,不得涂改;
> ④出现填写错误时,应划"×"注销,重新填写;
> ⑤行车值班员对于填写完毕的路票,应与电话记录进行核对,确认无误并签名后,方可交给司机。

(4)正确填记《行车日志》。

在改用电话闭塞法行车时,《行车日志》内应正确填记列车的车次、承认闭塞的电话闭塞编码,列车到达、出发时间及闭塞解除时间。

电话闭塞编码是采用电话闭塞法行车时,闭塞区间两端车站办理行车闭塞事项的记录。车站在办理电话记录的同时还要编电话闭塞编码,以明确办理的事项和责任。承认闭塞、列车到达、取消闭塞等行车事项均应发出电话闭塞编码。

2)站间电话联系法组织行车

目前,国内部分城市轨道交通系统为了提高正线通过能力,规定当正线信号联锁故障时,采用站间电话联系法组织行车。采用站间电话联系法组织行车时,作业程序如下:

①行车调度员应及时向有关车站发布:"从××时间起,在××站至××站间采用站间电话联系法组织行车。"

②行车调度员亲自或通过车站通知司机调度命令的内容。

③车站和行车调度员共同确认第一趟发出的列车运行前方的车站和区间空闲,此时列车在故障区段范围内的行车凭证是行车调度员的口头命令,列车采用RM驾驶模式,每一站间区间及前方站内线路只允许一趟列车占用。

采用站间电话联系法组织行车时,准备进路及接发列车作业方法与电话闭塞法相同。

3)调车方式组织行车

部分轨道交通系统规定:当换乘站信号联锁故障时,联络线的行车组织采用调车方式。当换乘站发生信号联锁故障时,会影响到进出联络线进路的正常办理,此时采用调车方式组织作业,作业程序如下:

①行车调度员发布同意调车的书面命令,授权该换乘站按调车方式现场办理列车进出联络线作业。

②需要人工现场准备进路时,由站务人员在确认进路准备妥当后,向司机显示道岔开通信号。

③司机凭道岔开通信号或地面信号显示动车。

④当进路在联锁工作站上排列好,但不能开放信号时,由车站使用站车无线电通知司机动车。

4)联锁设备出现异常时的应急处理

(1)联锁死机。

联锁死机时,MMI操作台显示正常,但不能进行操作。处理办法如下:

①报告行车调度员和信号维修人员。

②行车值班员对联锁主机电源复位,同时行车调度员接收该联锁区的控制权,在MMI上监控。

③如果复位操作不能使故障恢复,且 MMI 不能监控,则需要上报行车调度员,行车调度员通知相关人员组织抢修。

(2)联锁工作站全部灰显。

联锁工作站全部灰显时的处理方法如下:

①报告行车调度员和信号维修人员。

②行车调度员接收该联锁区的控制权,在 MMI 上监控。

③如果 MMI 不能监控,则行车调度员通知相关人员组织抢修。

3. 主体信号机无法正常显示进行信号时的行车组织

在车站控制时,列车按地面信号机显示运行,但在主体信号机无法正常显示进行信号的情况下需要接入列车时,须采用开放引导信号这种接车方式。

1) 开放引导信号接车的条件

①因故障红光带影响,进路可以排列,但防护该进路的信号机不开放;

②因故障红光带影响,进路无法排列,防护该进路的信号机不开放;

③进路已排通,因故障红光带影响,防护该进路的信号机不开放;

④防护进路的信号机因主体信号机绿灯全部断丝,造成信号机无法显示进行信号。

2) 开放引导信号

在带有引导信号的信号机内方第一轨道区段没有出现红光带时,开放引导信号的办理程序如下:

①接受调度命令,接收控制权;

②核对列车运行计划,确定列车运行方向;

③确认接车区间或接车线路空闲;

④确认道岔开通方向正确;

⑤适时按下具有锁闭道岔功能的引导信号按钮;

⑥列车越过引导信号显示位置后,引导信号自动关闭;

⑦如需再次开放引导信号,重复上述②~⑤操作。

在带有引导信号的信号机内方第一轨道区段有红光带时,开放引导信号的办理程序如下:

①接受调度命令,接收控制权;

②核对列车运行计划,确定列车运行方向;

③确认接车区间或接车线路空闲;

④确认道岔开通方向正确;

⑤适时按下具有锁闭道岔功能的引导信号按钮;

⑥引导信号开放后会出现倒计时,需要在倒计时终止前进行一次维持开放操作;

⑦确认列车越过引导信号显示位置后,停止维持开放操作,倒计时终止后引导信号自动关闭;

⑧如需再次开放引导信号,重复上述②～⑦操作。

3) 关闭引导信号

引导信号开放后,列车越过引导信号显示位置前,如需关闭引导信号,使用控制台上的"总取消"和进路"始端"按钮可将引导信号关闭。

在信号机内方第一区段有红光带的情况下,倒计时终止前不进行维持开放操作,倒计时结束后引导信号会自动关闭。上述操作完成后,引导锁闭进路保留。

小贴士

对引导信号进行开放、关闭操作时,需要注意以下事项:

①信号机内方第一区段红光带情况下开放引导信号时,必须在倒计时终止前进行维持开放操作,否则引导信号会自动关闭,由此可能会造成列车根据引导信号显示运行时引导信号突然关闭,列车在信号机前紧急停车,从而发生列车擦轮事故。

②通过开放引导信号建立的引导进路均对道岔具有锁闭功能,所以开放引导信号前只需要确认道岔开通方向,无须将其处于单独锁闭状态。

③引导信号开放时,设备自动检查主体信号机红灯灯丝状态,所以当主体信号机红灯灯丝断丝时,引导信号无法开放。

④列车越过引导信号显示位置,但未全部驶离道岔区段时,禁止进行解锁引导进路操作。

⑤办理引导接车作业,当信号机内方第一区段有故障红光带时,只有确认列车已经越过引导信号显示位置后方可关闭引导信号。

⑥列车进入接近区段,且引导信号已开放时,如果需要解锁引导锁闭进路,则必须分两步进行操作,先使用"总取消"＋进路"始端"按钮关闭引导信号,再使用"总人解"＋进路"始端"按钮取消引导锁闭进路。

知识拓展

普通铁路是用轨道绝缘节来划分轨道电路的分区的。由于绝缘节给道床的稳定性带来不利影响,并且当绝缘破损后还会造成行车的不安全因素。因此近20多年来,许多国家都在研制无绝缘多信息的轨道电路,以满足高速铁路多信息、高可靠性的要求。法国的UM71与英国的FS2500都属于这类轨道电路。

现以英国西屋公司研制的微机化式S2500路为例说明其工作原理及技术特点。

1. 系统的构成

系统的总体方框图如图 6.4 所示。整个系统由发送部分、接收部分和钢轨等三部分组成。发送部分包括发送器和实现电器绝缘作用的发送协调单元；接收部分由接收器和实现电器绝缘作用的接收调谐单元所组成。

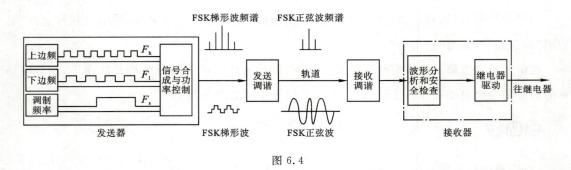

图 6.4

2. 系统工作原理

1) 发送端

发送端使用了三个晶体管振荡器来生成 FSK 信号所需的特定频率，分别为 FSK 信号的上边频率 F_h、下边频率 F_l 和调制频率 F_s。用调制频率 F_s 的上下方控制两个门电路，把上边频率和下边频率合成为 FSK 信号，合成后的 FSK 信号是方波。

发送器中的功率控制单元将 FSK 方波变换为功率稳定的阶梯波形。发送端的电器绝缘调谐单元是由电感 L 和电容 C 串联的谐振电路所构成。FSK 的梯形波通过发送调谐单元，就形成了正弦 FSK 信号，这是送至轨道的信号。

2) 轨道电路

发送调谐单元联结到轨道电路发送端，形成了轨道电路间的电气分隔接头，其长度约为 20 m。发送调谐单元和钢轨分隔接头起带通滤波器的作用。在钢轨内只允许通过基频和部分上、下边频。

3) 接收端

FSK 信号经过传送到接收端的调谐单元。接收端的调谐单元与发送端相同，也是由 LC 串联谐振电路构成，并与分隔接头的钢轨构成带通滤波器。因此 FSK 信号经再次滤波而送入接收器。在接收器中，利用先进微电子技术构成的微处理单元，对接收的 FSK 信号进行快速变换，然后利用数字信号处理技术，分析信号的频谱，进行一系列的接收信号完整性检查和安全性检查，最后确定轨道电路目前所处的工作状态。线路处于占用或空闲时，接收器向继电器驱动单元送出如图 6.5 所示信号波形。轨道继电器根据驱动单元送来的信号波形而吸起或落下。轨道损坏时则无信号而落下。

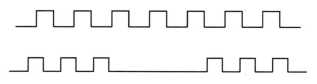

图 6.5

某城市地铁 7 号线上,一列地铁车辆行驶至 2 号车站时,突然出现信号设备故障,导致停车信号灯变为红色,设置屏障封锁进站口。驾驶员马上启动应急预案,调动相关技术人员紧急检查并修复信号设备。车站工作人员通过广播进行协调,通知后方控制速度,引导乘客安全下车并及时为乘客安排其他交通工具,协助乘客继续出行。虽然这一事件导致了短暂的服务中断,但没有造成人员伤亡和财产损失。

在这个事件中,从驾驶员及车站工作人员的反应中可以看出,他们都有高度的责任感和协作精神。驾驶员在信号故障发生后及时启动应急预案,并通过通信设备与车站联络,及时获得技术支持,避免了因个人行动不当而造成更加严重的事故或者人员伤亡。车站工作人员在协助处理这一事件时充分发挥了团队合作和整体协调的精神。他们紧急启动应急预案,利用广播和技术支持及时通知其他工作人员和驾驶员控制速度,保障车站秩序和过往乘客的安全。

将"紧急救援无小事、任何细节都重要"的工作精神投入工作中,从而提高员工的意识和技能,增强员工的应对能力,为应对事故、预防事故提供了坚实的理论基础和实践支撑。

任务 3　道岔故障时的行车组织

任务目标

(1)掌握道岔发生故障时的处理流程。
(2)掌握手摇道岔行车作业的条件和程序。
(3)掌握故障转换道岔作业的程序。

学习内容

道岔故障分为正线道岔故障和折返线道岔故障。

正线道岔发生故障时,正常的进路无法实现,区间车站必然引起堵塞,此时须采用临时交路运行模式。

折返线道岔发生故障时,对于拥有两条折返进路的折返站,如果道岔故障引起一条折返进路不能实现折返作业,则可以利用另一条进路进行列车折返,以维持全线列车运行;如果由于道岔故障两个进路均不能办理列车折返作业,列车将采用线路堵塞模式运行。

1. 道岔发生故障时的处理

1) 道岔危及行车安全时

(1) 行车值班员应立即报告行调,禁止列车通过该道岔,若线路上有列车,行车值班员应指派扳道员到现场保护,防止列车驶经该道岔,通知工务人员抢修并在"施工检修作业登记簿"上登记。

(2) 行车值班员应通知站长在车控室把关,并报段调。

(3) 工务人员抢修完毕,在"施工检修作业登记簿"上签认正常后,行车值班员应试排进路或单独操纵道岔试验正常后,方可通知行调、段调设备恢复正常使用。

(4) 在复使用前,行车值班员应正确确认进路,确保接发列车安全。

2) 道岔失去表示或道岔电气故障必须手摇时

(1) 道岔故障时的处理原则。

① 进入现场检查道岔时,应确认以下事项:道岔各部件是否良好,道岔尖轨与基本轨间是否卡有异物,道岔滑床板有无异物卡住。

② 确认道岔非机械故障后,应人工排列列车进路接发列车;手摇道岔必须严格遵守"六步曲"。

③ 一条进路上有多付道岔时,摇岔人员仅对故障道岔按照规定进行处理,其他正常道岔不做任何处理,但可与行车调度员确认开通位置。

④ 按照"先通后复"原则,行车值班员负责现场指挥,没有得到行车调度员允许,现场不得进行影响行车的抢修作业。

(2) 道岔故障时的处理要点。

① 行车值班员及有关摇岔人员听到故障报警后,应立即赶到控制室查明故障情况,了解有关进路安排。

② 摇岔人员清点摇岔工具,穿戴好防护用品到指定地点待命,途中应与行车调度员取得联系。

③ 如需到现场检查确认,经行车调度员同意,打开隧道灯,进入现场;在保证安全的前提下,走行速度可适当加快。

④ 检查完毕后,及时向行车调度员汇报有关情况。

⑤ 需要时,按行车调度命令,人工排列列车进路;摇岔人员既要分工明确,又要配合默契。

⑥ 当道岔故障影响列车运行交路车站时,若需停止服务清客关站,则应按《车站清客程序》

执行。

2. 手摇道岔行车作业

1）作业条件

当发生以下现象时，需要进行手摇道岔作业：

①车站控制台上道岔表示灯失去表示或不能正确表示时；

②车站控制台无法操纵道岔时；

③转辙机发生故障时；

④因停电造成无法转换道岔时。

2）作业办理程序

手摇道岔接发车作业，需要两个行车人员配合，一个在车站控制室，另一个去现场实际操作。位于控制室的人称为内勤人员，位于现场的人称为外勤人员，作业办理程序如表 6.1 所示。

表 6.1

作业序号	内勤人员	外勤人员
1	确认需手摇道岔接发车时，向行车调度员报告，接受调度命令，接收控制权	
2	指示外勤人员做好手摇道岔的准备	
3		准备手摇道岔工具
4	核对列车运行计划，确定列车运行方向，向手摇道岔外勤人员布置作业内容，包括所需摇动道岔号码及所需开通方向等内容，并确定联系方法	
5		复诵内勤人员布置的作业内容
6		到达故障地点后确认道岔位置，根据内勤人员布置任务进行手摇道岔操作
7		摇动道岔至所需位置后，确认道岔位置及开通方向与内勤人员所布置作业内容是否一致
8		向内勤人员汇报手摇道岔情况、有关道岔位置及开通方向

续表

作业序号	内勤人员	外勤人员
9	接到手摇道岔外勤人员道岔手摇操作完毕报告后,再次与运行计划核对	
10	向手摇道岔外勤人员重申作业内容	
11		复诵内勤人员布置的作业内容
12		再次确认手摇道岔操作后的道岔位置及开通方向与内勤人员所布置作业内容要求方向一致
13		向内勤人员汇报第二次确认后的手摇道岔情况、有关道岔位置及开通方向
14	接到手摇道岔外勤人员的二次确认位置正确、状态良好的报告后,指示手摇道岔外勤人员显示手信号	
15		得到内勤人员准许后,向司机显示道岔开通手信号
16		待列车通过道岔区段后,向内勤人员报告接车情况并听取其下一步指示
17	接到手摇道岔外勤人员关于列车已通过道岔区段的报告后,进行记录	

小贴士

办理手摇道岔行车作业时,应注意以下事项:

①使用单元控制台进行操作,如果道岔定反位表示灯失去表示,内勤人员可通过进路办理情况和相应防护信号机显示判断道岔设备是否良好,如仅为道岔定反位表示灯的灯泡故障,则无须手摇道岔接发车。

②对于双转辙机道岔,需要两人进行操作时,赴现场前要指定其中一人为作业负责人。

③只要能够通过控制台转换道岔,就要避免采用手摇道岔方式接发车。

④手摇道岔外勤人员赶赴现场前要穿好绝缘鞋,携带手摇道岔所需工具(包括手摇把和转辙机钥匙、信号灯、照明工具、便携式电话或对讲机),必要时还需要携带钩锁器及其锁和钥匙赶赴现场。

⑤手摇道岔外勤人员赶赴现场前,要检查手摇把与转辙机钥匙的加封情况,要小心握持手摇把,避免转辙机钥匙意外脱落丢失。
⑥手摇道岔后,内勤人员需向列车显示道岔开通手信号。
⑦内勤人员要选择便于司机观看手信号并且能够保证自身安全的位置进行显示。
⑧使用钩锁器加锁后,必须通知行车调度员。
⑨使用钩锁器加锁后,钩锁器的钥匙由道岔加锁人保管。
⑩在进行道岔转换试验前,内外勤人员必须相互联系确认钩锁器已被拆除。

在进行道岔转换试验和排列进路试验时,要使用"道岔"按钮及"道岔总定(反)位"按钮对道岔进行转换试验;使用"信号"按钮及"总取消"按钮按连锁图表进行进路排列试验。

道岔修复后,内勤人员可要求手摇道岔外勤人员继续留在现场进行观察,确认正常后再返回控制室。

因对讲机存在电池电量消耗和信号强度问题,而且由于选频原因易使其通话受干扰,所以手摇道岔外勤人员与内勤之间进行联系时,最好使用专用的直通电话或便携式插销电话。

钩锁器的使用方法:将钩锁器的钩部由密贴一侧的尖轨与基本轨底部由内向外穿过,钩住轨底部后将扣板卡住,旋紧螺母板,将螺母板与扣板的锁孔对准后进行加锁。加锁后钥匙由加锁人保管。

3. 故障转换道岔作业

故障转换道岔作业也称为"强扳道岔",是在道岔区段出现故障红光带后,需要转换故障道岔位置的一项作业。该作业经常出现在终点/始发站及有列车出入车辆段作业的车站。强扳道岔接发车时,开放引导信号、变更闭塞方式等作业会伴随其共同进行。

故障转换道岔作业办理程序如下:
①发现红光带后首先确认其性质,确认并非列车占用后立即报告行车调度员。
②通知信号人员进行检修。
③接受调度命令,接收控制权。
④核对列车运行计划,确认列车运行方向和列车运行位置。
⑤确认道岔区段空闲后,办理道岔区段解锁作业。
⑥确认故障道岔处于非锁闭状态后,进行"强扳道岔"操作。
⑦确认道岔开通方向正确后,适时开放防护信号机的引导信号。
⑧确认列车越过引导信号显示位置后,关闭引导信号。
⑨再次"强扳道岔"时,重复上述④~⑧项操作。
提示:若为出站兼防护信号机防护的道岔,在单独锁闭道岔后,按相应规定办理发车作业。

故障转换道岔作业的注意事项如下：

①部分运营线由于设计原因，车站无法办理"强扳道岔"作业，道岔区段出现故障红光带后，如需转换道岔位置，只能采取现场手摇道岔方式进行。

②在"强扳道岔"前，应先对故障区段进行"计轴复位"操作。

③进路办理完毕，道岔处于进路锁闭状态，此时道岔区段出现红光带后，若不解锁原进路，使道岔处于非进路锁闭状态，办理"强扳道岔"作业时道岔将无法转动。

④开放具有引导锁闭功能的引导信号后，道岔处于引导锁闭状态，若不解锁引导进路，使道岔处于非引导锁闭状态，办理"强扳道岔"作业时道岔将无法转动。

知识拓展

1. 道岔区段出现红光带造成进路排不出时的处理

(1) 行车值班员应立即报告行车调度员、信号工区、值班站长及段调度员，并在"施工检修作业登记簿"内登记。

(2) 行调放权站控后，行车值班员应利用其他进路，确保正常接发列车。

(3) 若必须使用该进路时，行车值班员可使用单操道岔的方法，将道转换至所需位置并单锁，在确认线路空闲及安全前提下，开放引导信号接发列车。若单操不能转换道岔位置时，需派有关人员现场手摇道岔准备进路，按非正常办法接发列车。

(4) 值班站长接到故障报告后应到车控室把关，协助行车值班员做好行车组织工作。

(5) 信号工区人员检修完毕并在"施工检修作业登记簿"上登记签认后，行车值班员经试排进路确认正常并签认后，方可通知行调、段调设备恢复正常使用。

2. 控制台挤岔铃响时的处理

1) 道岔区段无列车占用时

(1) 行车值班员立即报告行调，接受控制权，通知站长派扳道员到现场查看，通知信号工区人员，并在"施工检修作业登记簿"内登记。

(2) 扳道员到现场检查，道岔无不良病害，清除尖轨与基本轨间异物后，行车值班员单操道岔检测，若恢复正常即可报行调恢复正常使用。

(3) 不能恢复可手摇道岔，待信号工区人员检修完毕并在"施工检修作业登记簿"内登记签认后，行车值班员经试排进路确认正常并签认后，通知行调、段调设备恢复正常。

2) 道岔区段有列车占用时

(1) 行车值班员立即报告行调并提醒行调通知驾驶员禁止动车，通知站长派扳道员到现场监护，禁止动车，通知信号工区、工务工区人员，并在"施工检修作业登记簿"上登记。

(2) 值班站长应立即报段调并在车控室及现场把关。

(3) 信号工区、工务工区抢修人员到场确定处理意见后，按工务抢修工长意见办理行车业务。

（4）道岔修复须由信号工务人员在"施工检修作业登记簿"上签认正常，行车值班员经试排进路确认正常并签认后，方可通知行调、段调设备恢复正常使用。

3. 道岔防护信号机不能正常显示时的处理

（1）若发生主灯丝断丝报警，通过中央调度终端确认进路已正确排列，与驾驶员确认列车车载信号显示正常，则说明现场信号灯丝故障。

（2）若列车驾驶员或车站人员报告信号机显示不正确，且无主灯丝断丝报警，应立即通过中央调度终端确认进路是否已正确排列；与车站进行确认是否有相关报警出现；与驾驶员确认列车车载信号显示是否正常。如进路排列及列车车载信号均正常，则为现场信号机故障。

（3）通知维修调度和驻站维修信号人员，进行进一步的检查。若维修人员须下路轨进行检查时，应根据当时在线列车情况决定是否授权。

（4）与即将通过该联锁区的列车驾驶员取得联系，通知该信号机的显示故障，当列车到达联锁区时与驾驶员确认车载信号是否正常，并且通知驾驶员注意道岔位置；若机车信号正常且道岔位置正确，指示驾驶员凭机车车载信号驾驶列车驶过该联锁区。

任务 4　轨道电路故障时的行车组织

任务目标

（1）掌握轨道电路故障时的处理原则。
（2）掌握轨道电路故障时的行车作业。

学习内容

轨道电路故障时，列车收不到速度码，司机需要转换为限制人工驾驶（restricted manual，RM）模式行车，车站行车值班员也需要采用引导方式接发列车。

1. 轨道电路故障处理原则

1）区间轨道电路故障

列车在区间轨道电路故障区段停车后，在确认线路正常不危及行车安全的情况下，驾驶员可根据行调指示转换为限制人工驾驶模式，列车重新启动并运行出清故障区段若干轨道电路区段后，由驾驶员手动恢复为列车自动驾驶（automatic train operation，ATO）模式，继续运行。

(1)单区间轨道电路故障。

在发生单区间轨道电路故障时,列车可在故障区间前停车。经司机与行车调度员确认后,转换为 RM 模式继续行车。在列车经过故障区段后,再转换为列车自动防护(automatic train protection,ATP)监控下的人工驾驶模式或 ATO 模式运行。

(2)多区间轨道电路故障。

在多个区间轨道电路故障时,需要改变行车闭塞方式,启用自动站间闭塞法或者电话联系法组织行车,列车采用人工驾驶模式。

2)车站道岔区段轨道电路故障

此类故障直接影响中央列车自动监控(automatic train supervision,ATS)自动和人工设置列车进路,行调可授权区域联锁工作站以单操道岔的方式,将进路中的道岔转换到所需位置并锁闭,然后开放有关防护信号机的引导信号。列车根据引导信号的指示,以人工驾驶模式运行,出清故障区段若干轨道电路区段后,列车自动转换为 ATP 限速人工驾驶模式,此时司机可手动恢复为 ATO 驾驶模式。

2. 轨道电路故障时的行车作业

轨道电路故障时的行车作业步骤如下。

(1)确认故障性质为非列车占用。

(2)确定为故障后,报信号人员进行检修。

(3)核对调车作业计划。

(4)如果在轨道电路故障发生之前,已排列了调车进路,相关各道岔均已在进路锁闭状态下,则通知司机越过调车信号机完成调车作业。

(5)如果在轨道电路故障发生之前,未排列调车进路,则将故障区段内及列车运行路径上的其他道岔全部进行单独锁闭,然后通知司机越过调车信号机完成调车作业。

(6)调车作业完成后及时将相关道岔解锁。

小贴士

进行以上行车作业时,需要注意两点:

(1)必须确认道岔开通位置与列车运行方向保持一致。

(2)必须保证列车在锁闭的道岔区段运行。

知识拓展

1. 进路道岔区段轨道电路故障（红光带），开放引导信号接车

(1)值班员报告行调、段调（厂调），通知信号工区，在"施工检修作业登记簿"内登记。

(2)值班员派有关人员到现场检查确认进路空闲，无危及行车安全情况。

(3)准备接车进路，开放引导信号：

①单操道岔，同时按下道岔操纵按钮及道岔总定位或总反位按钮，将进路上的道岔单操至所需位置，并再次确认进路道岔位置正确。

②按压引导按钮，则非故障区段进路上点亮白光带，引导信号开放，防护信号复示器点亮白灯，此时非故障区的道岔处于引导进路锁闭状态。

③将故障区段上的道岔实施单锁，按下设在单操道岔按钮下的道岔单锁按钮，该道岔即被单独锁闭，其按钮表示灯亮红灯。

(4)值班员确认引导信号开放好后，用无线电台呼叫驾驶员"××信号机引导信号开放好"。

(5)驾驶员听取"××信号机引导信号开放好"并复诵，确认引导信号开放好后，按规定速度要求运行，越过该信号机，并随时做好停车准备。

(6)值班员确认列车到达接车线股道停妥后，解锁接车进路。

2. 轨道停电恢复时的处理及注意事项

1）轨道停电恢复后的处理

(1)首先检查控制台上接地检测表示灯是否点红灯，如点红灯，应通知信号人员处理。

(2)值班员办好登记手续，用区段解锁钥匙开关实行故障解锁。

(3)控制台上所有进路解锁后，进行道岔单操试验，确认道岔状态良好（注：值班员应确认此时为站控状态）。

2）注意事项

(1)没有锁闭的进路不会错误锁闭。

(2)若列车未进入信号机内方区段，停电恢复后，信号机将关闭，但进路不会错误解锁，可重复开放信号。

(3)值班员在进行道岔单操试验时，应确认道岔区段与接近区段空闲。

(4)若列车正在进路上行驶，瞬间轨道停电恢复后，进路不会错误解锁，但列车前方进路处于准备解锁区段，即前方进路区段能使用单独人工解锁手段进行解锁，此时值班员应充分警惕，尽量不办理区段故障解锁，以免误按按钮导致进路上的区段解锁。

(5)列车在进路上行驶，若轨道停电时间较长（车列已走过一个区段），则列车驶过进路后可能会造成漏解锁，此时可进行区段故障解锁。

小贴士

（1）如果该信号机内方第一区段轨道电路良好，那么按压引导按钮后即可松手，当车辆第一轮对进入信号机内方时，引导信号即自动关闭；如果第一轨道区段轨道电路故障，此时引导按钮必须一直处于按压状态，直到列车进入信号机内方才可松手。

（2）列车沿进路通过后，进路仍处于锁闭状态，白光带继续点亮，当值班员确认列车已全部到达接车线股道停妥后（即列车尾部停在接车股道警冲标内方），同时按压该信号机的列车按钮和总人工解锁按钮，则进路立即解锁，白光带熄灭。

（3）当办理了进站台线路的进路，列车到达接近区段时，发现显示进路信号的信号突然关闭，信号机显示红灯，原排进路白光带仍在点亮，此时可按压引导信号按钮，办理引导接车。当列车整列通过后，值班员按压总人工解锁按钮和相应的区段解锁按钮将进路解锁。

思政元素

2019年1月，西安地铁2号线出现轨道电路故障，导致该线部分区间列车停驶、晚点和部分对向线路受到影响。地铁公司立即启动应急预案，采取措施进行疏导和安排临时交通工具，保证乘客安全和出行需求。同时，对故障原因进行排查，并及时进行维修处理，恢复列车正常运营，并在后续时间加强设备检查。

在这一事件中，突发事件的宣传教育和应急预案的制定起到了重要的作用。首先，通过对员工进行安全教育和应急处置培训，使员工养成"先不急、先安全"的思维意识和行为习惯，增强应对突发事件的能力。其次，企业对员工进行经常性业务知识培训，提高了员工的专业素质和业务技能，增强了员工对保障客户安全、维护车站秩序的责任感，激发了员工的危机意识，提升了员工的应变能力。再者，企业专家与员工就急需解决的突发事件展开讨论，并制定了应急预案。

员工牢记"安全第一"的理念，提升了思想认知和实操能力，从而迅速、有序地完成了应急处置，并最终把事故发生的影响降到了最低。

任务 5　故障案例

案例 1

故障现象:无列车占用,个别或部分轨道区段突然出现红光带,列车过后个别或部分轨道区段遗留下红光带。

处置方式:

(1)发现红光带后首先应确认其性质,确认并非列车占用后应立即报告行车调度员。

(2)通知信号人员进行检修。

(3)道岔区段出现红光带后,行车值班员要做好故障转换道岔的准备。

(4)行车值班员根据行车调度员指示,与其共同确认相关区段空闲即可,无须变更闭塞方式。

(5)行车值班员须在确认相关区间空闲后,进行计轴复位操作。

(6)列车按地面信号机显示运行时,如果该故障红光带影响进站信号机、防护信号机的开放,行车值班员应在确认接车区间或接车线路空闲、道岔位置正确后开放具有道岔锁闭功能的引导信号接入列车。

(7)列车按地面信号机显示运行(电话闭塞法行车除外)时,如果该故障红光带影响出站信号机的开放,行车值班员应与行车调度员共同确认闭塞区间是否空闲,确认空闲后由行车调度员利用无线电台通知司机发车。如果该信号机是出站兼防护信号机,行车值班员还应确认该信号机防护的道岔位置正确且处于单独锁闭状态。

案例 2

故障现象:控制台个别、部分或全部轨道区段瞬间闪烁红光带。

处置方式:

(1)发现故障后立即报告行车调度员。

(2)通知信号人员进行检修。

(3)故障恢复后,认真检查控制台上具有道岔防护功能的信号机,对于已排列完成的进路,若在无车占用或未受其他因素影响的条件下防护该进路的信号机未开放,应及时按下进路"始端"按钮开放信号机,若该信号机仍不能开放,则取消该进路后重新办理。

案例 3

故障现象:控制台全部轨道区段红光带。

处置方式:

(1)发现故障后立即报告行车调度员。

(2)通知信号人员进行检修。

(3)行车值班员在确认相关区间空闲后,进行计轴复位操作。

(4)做好故障转换道岔和变更电话闭塞法行车的准备。

(5)所有列车的到达、发出及车站的占用情况,均由人工现场确认。如果相邻站间无法确定列车运行位置,则由行车值班员现场确认区间占用情况。

案例 4

故障现象:控制台全部失去显示。

处置方式:

(1)发现故障后立即报告行车调度员。

(2)通知信号人员进行检修。

(3)做好手摇道岔接发车和变更电话闭塞法行车的准备。

(4)所有列车的到达、发出及车站的占用情况,均由人工现场确认。如果相邻站间无法确定列车运行位置、区间占用情况,则由行车值班员现场进行确认。

提示:处理红光带故障时,须注意以下事项。

(1)发现红光带后,必须确认是否有列车占用线路。

(2)必须确认列车运行位置,该工作可通过与行车调度员、相邻站行车值班员、司机进行联系完成。

(3)车站进行计轴复位操作前,必须确认相关区间空闲后才能进行操作。

(4)对于有道岔防护功能的信号机,由于其受故障红光带影响会非正常关闭,所以当故障恢复后,该信号机也无法自动开放("自动"按钮在使用状态时除外),行车值班员要及时使用进路"始端"按钮补开信号。

(5)防护信号机、进站信号机、进站兼防护信号机、防护兼预告信号机设有引导信号,而且引导信号开放后具有对道岔锁闭的功能。所以在列车按地面信号机显示运行,且受故障红光带影响信号不能开放时,行车值班员可以开放引导信号,接入列车。

(6)出站信号机不设置具有锁闭道岔功能的引导信号,所以列车越过上述情形的道岔前,行车值班员必须在确认道岔开通方向正确后,对列车运行路径上的全部道岔进行单独锁闭。

(7)控制台全红、全灭或黑屏时,列车的在站、到、发需要行车值班员现场进行确认,对于实际运行位置及区间占用情况,行车值班员可通过与行车调度员、邻站行车值班员、司机联系进行确认,联系无法确认时必须现场确认。

(8) 如果道岔区段出现红光带或失去表示等故障,设备恢复正常后要对道岔进行转换试验。

(9) 鼠标台出现黑屏后,行车值班员应立即检查显示器电源线,若仅为电源线脱落,行车值班员应及时将其接好;若无其他故障,鼠标台可恢复显示。

想一想

1. ATS 故障时,行车调度员如何指挥行车工作?
2. 什么情况下需要下放控制权到车站?
3. 如何在站控模式下指挥行车?
4. ATO 故障时的行车,行车调度员和司机应如何开展工作?
5. ATP 地面设备故障时,哪些岗位的工作人员需要参与行车组织工作,各自承担什么责任?
6. 信号机故障分几种情况?各种情况下都有哪些人员参与行车组织工作,各自承担什么责任?
7. 电话闭塞法组织行车,需要哪些岗位的人员参与,各自负责什么工作?
8. 与电话闭塞法相比,站间电话联系法有什么优点?
9. 什么情况下以调车方式组织行车?需要哪些岗位的人员参与,各自承担什么责任?
10. ATS 故障时控制中心行车调度员与车站行车值班员如何办理行车作业?
11. 什么状况下的 ATS 故障需要把控制权下放到车站?
12. ATO 故障时控制中心行车调度员与客车司机如何办理行车作业?
13. 地面 ATP 设备故障时,应采用哪种驾驶模式?谁为行车安全负责?
14. ATP 车载设备故障时,应采用哪种驾驶模式?谁为行车安全负责?
15. 防护信号机故障时如何行车?
16. 信号联锁设备发生故障时,应采用什么闭塞法?行车凭证是什么?
17. 什么情况下需要进行手摇道岔接发车?简述手摇道岔接发车的程序。
18. 轨道电路发生故障时,如何组织行车?

练一练

写出针对控制台信号突然消失的应急处理方法。

项目七　车站行车组织

项目描述

车站是城市轨道交通的重要组成,车站行车组织是列车安全运行的重要保障。本项目主要介绍城市轨道交通车站认知、城市轨道交通车站设备与应用、城市轨道交通车站行车作业要求、车站接发车与折返作业组织等内容。

学习目标

(1)掌握城市轨道交通车站分类方式及类型。
(2)了解城市轨道交通车站行车技术设备组成与应用。
(3)了解城市轨道交通车站行车作业要求。
(4)掌握城市轨道交通车站行车接发车作业及折返作业组织方法。

素质目标

(1)培养乐观面对生活困难的精神。
(2)培养准确作业、高标准要求的工匠精神。
(3)树立正确的生活目标,培养积极向上的生活态度。

能力目标

(1)能够区分不同的车站类型。
(2)能够说明不同类型车站的运用条件。
(3)能够说明车站技术设备的组成及各设备的作用。
(4)能够正确进行路票填写。
(5)能够说明车站接发车、折返等作业方法。

车站活动主要分为两种:客运作业和行车作业。车站客运作业包括售检票、组织乘客乘降和换乘作业等。车站的行车作业包括接发列车作业、列车折返作业等。

任务 1　车站分类

任务目标

(1)掌握城市轨道交通车站分类方法。
(2)掌握城市轨道交通不同车站类型特点。

学习内容

1. 车站按照修建方式分类

车站按照修建方式分为地下车站、地面车站和地上车站(高架车站)三类。

地下车站节省城市宝贵的地面土地资源,但建造成本高,突发情况下旅客疏散困难。

地面车站建造成本低,乘客上下轨道交通速度快,但占用土地面积大。

地上车站(高架车站)建造成本在地下车站与地面车站之间。通常修建在城市交通的路口处,换乘其他交通工具方便且占用城市用地少。

地下车站一般由地面出入口、中间站厅、地下站台三个主要部分组成。地面出入口:地面出入口是车站的门户,客流集疏的第一通道。中间站厅:为了不占用地面空间,地下车站的中间站厅一般设在地下一层,其主要功能是集散客流、售检票、服务、设置管理与设备用房。地下站台:设在地下二层,是供列车停靠、乘客乘降的功能层,由站台与线路(股道)、乘降设备等组成。

2. 车站按照站台种类分类

车站按照站台种类分为岛式站台、侧式站台以及岛侧混合式站台。

岛式站台中,上下行线共享车站设备资源,可节约用地和成本,但由于站台人流量大,会使客流组织变得困难,如图 7.1 所示。

 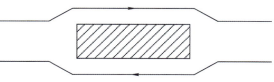

图 7.1

侧式站台中，上下行站台分开，方便客流组织，同时可以避免乘客认错乘车方向，但增加了占地面积，提高了成本。

岛侧混合式站台综合了两种站台的优点，且更加有利于缩短乘客换乘时间，如图7.2所示。

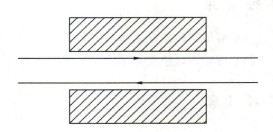

图 7.2

3. 车站按照运营功能分类

车站按照运营功能分为终点站、中间站、折返站、换乘站。

终点站是城市轨道交通线两端的车站，设有折返设备，为列车提供折返、停留或临时检修等运营功能。

中间站是城市轨道交通线网中数量最多的车站，供乘客上下列车。

折返站是终点站与中间站中设有折返设备的车站，可供长交路、短交路列车进行折返作业。

换乘站设在不同线路的交会地点，可供乘客由一条城市轨道交通线换乘到另一条城市轨道交通线。

4. 车站按照是否具有站控功能分类

车站按照是否具有站控功能分为集中站和非集中站。

集中站是指具有站控功能的车站，集中站可以进行监控列车运行、办理闭塞和扣车、催发列车等列车运行调整措施。因此，集中站一般设有道岔。

非集中站是指不具备站控功能的车站，非集中站不设置道岔，并且只进行接发车作业，如图7.3所示。

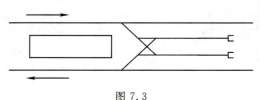

图 7.3

小贴士

地铁站在地面层的入口常标有公司标识及该站的营运资讯。除了用以搬运货物或让乘客乘车,在某些情况下,无论地下车站或架空车站一般均可供行人过街之用,有时甚至会以通道联络重要的建筑物或地下商店。

地铁站往往具有浓厚的地方特色或者历史文化特色,能代表一个城市的风格,因此,地铁站也往往成为一个城市的旅游景点之一。

知识拓展

莫斯科地铁以富丽堂皇的内部装饰闻名世界(图7.4)。在整个莫斯科地铁站的兴建过程中,一共采用了二十多种来自不同产地的大理石及各种矿石。装饰性艺术雕像、浮雕、马赛克镶嵌画、玻璃拼花、壁画等,则将莫斯科地铁站点缀得更加庄严隆重,也充满浓厚的艺术气息。

图7.4

任务2　车站行车技术设备

任务目标

(1)掌握城市轨道交通车站行车技术设备组成。

(2)掌握不同线路概念及应用场所。

(3)了解道岔类型及维护。

(4)掌握车站信号及信号机设置。

(5)了解车站监控装置应用。

> 学习内容

车站行车设备包括线路、道岔、信号与通信设备。

1. 线路

线路见项目一任务3。

2. 道岔

道岔是城市轨道交通中使列车由一条线路转入另一条线路的连接设备。

1)道岔分类

道岔有单开道岔、菱形交叉道岔、复式交分道岔等类型。单开道岔是最常见的。由于道岔具有数量多、构造复杂、使用寿命短、限制列车速度、行车安全性低和养护维修投入大等特点,因此与曲线、接头并称为轨道三大薄弱环节。

(1)单开道岔。

单开道岔由转辙部分(包括基本轨、尖轨、连接杆和转辙机械)、连接部分(包括直轨、导曲线轨)、辙叉部分(包括辙叉心、翼轨、护轨)三部分组成,如图7.5所示。

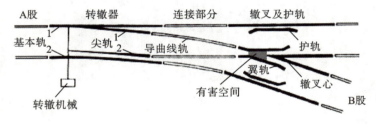

图 7.5

现在所使用的道岔主要以电力来驱动,但是当联锁设备出现故障时,则需要进行手摇道岔,将道岔转入需要的位置,如图7.6所示。

图 7.6

(2)菱形交叉道岔。

菱形交叉道岔由钝角辙叉和锐角辙叉两部分组成,如图7.7所示。

图7.7

(3)复式交分道岔。

复式交分道岔由直轨、尖轨、活动心轨、翼轨、护轨、曲基本轨、辙叉心组成,如图7.8所示。

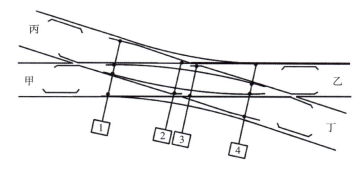

甲,乙,丙,丁—护轨;1,2,3,4—转辙器。

图7.8

2)道岔的相关概念

道岔定位:开通直股或经常开通的位置。

道岔反位:开通侧向或不经常开通的位置。

顺向道岔:使列车先经过叉心,后经过尖轨的道岔。

逆向道岔:使列车先经过尖轨,后经过叉心的道岔。

挤岔:列车顺向经过道岔且道岔位置不正确,列车车轮挤过道岔使尖轨与基本轨分开。

掉道:列车逆向经过道岔且道岔处于四开状态,车轮一个在直轨上一个在曲轨上,由于轨距加大造成车轮脱离钢轨。

3)道岔编号

从列车到达方向起,由正线开始顺序编号,上行为双号、下行为单号;尽头式线路,向线路终点方向顺序编号;对称式的折返线,以上行列车到达方向为主顺序编为双号,另一侧编为单号,其号码与上行一侧相对应,如图 7.9 所示。

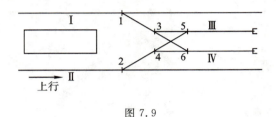

图 7.9

4)道岔使用及维护

为保证接发列车及调车作业顺利进行,将道岔与有关信号机或闭塞设备建立起一种相互联系、相互制约的联锁关系,由车站负责管理、统一操纵。正常情况下采用集中控制方式,故障情况下采用现场人工手动方式。

车站要制定《道岔维护制度》,对站内道岔维护工作落实到人,至少确保每付道岔至少一周上一次油,每半月擦拭一次。

3. 信号与通信设备

为保证行车作业安全和提高行车作业效率,车站设置信号与通信设备。

1)信号设备

车站信号设备通常有出站信号机、发车指示器、防护信号机和阻挡信号机等。

信号通过不同颜色、位置、形式向列车指示运行条件,向调车人员发出指示和命令,其作用是保证列车运行与调车作业的安全,提高列车通过能力。

车站信号包括视觉信号和听觉信号(城市轨道交通一般以视觉信号为主,以听觉信号为辅)、固定信号、移动信号和手信号(城市轨道交通以固定信号为主,以移动信号为辅),地面信号和车载信号(城市轨道交通一般运用地面信号与车载信号结合的方式)。

2)信号颜色及表示意义

红色:停车信号,禁止越过该信号机。绿色:允许信号,信号处于正常开放状态。黄色:注意或减速信号,即信号机处于有条件开放状态。月白色:用于指示调车作业时,表示允许越过该信号机调车;用于指示正线列车作业时,同时显示一个红灯信号,构成引导信号,表示准许列车越过显示红灯的信号,并随时准备停车。蓝色:用于调车信号机,表示禁止越过该信号机调车。

城市轨道交通采用三显示加一个防护区段的显示制度。

3）信号机设置

车站可根据需要设置进站、出站信号机，或仅设置出站信号机。进站信号机设置在车站入口外方适当距离，用于防护车站内作业安全。车站可在正向出站方向站台一侧，列车停车位置前方适当地点设置发车表示器，向司机表示能否关闭车门及发车时间。

4）联锁设备

联锁设备设置在有道岔车站，分电气集中联锁设备和微机联锁设备两种类型。

（1）通信设备。用于车站行车作业的通信设备主要有站间行车电话、集中电话和无线调度电话等。

（2）IBP盘及紧急停车按钮。

车站控制室设置有综合应急后备盘（integrated backup panel，IBP盘），是主控系统的后备设备。IBP盘设置在车站控制室，当中央级设备发生通信故障或在车站级设备发生人机界面故障时，作为在紧急情况下使用的设备。一般可控制消防水泵、环控系统、信号系统、屏蔽门等设备。

站台一般设置有紧急停车按钮，用于站台人员在突发情况下，及时扣停列车。当站台发生紧急情况时，车站站务人员需用力敲碎紧急停车按钮外侧塑料壳，并按压红色紧急停车按钮，便会将列车扣停在车站或阻止列车进入站台区域。

5）CCTV监控系统

为了确保列车运行安全，及时向有关人员提供车站各部位的安全情况和客流、列车运行情况、车门开启、关闭等信息，各车站设置了闭路电视监控系统。车站上下行站台都配置有固定摄像机，车站控制室内备有显示器以及图像选择设备，可以自由监控车站内各摄像头的显示情况。站台头端处也设置有显示器，方便司机观察本侧乘客上下车情况以及站台安全情况。

在采用列车自动控制系统（automatic train control，ATC）系统的情况下，车站还设置自动控制ATC系统有关设备，如车站列车自动监控系统ATS设备等。

小贴士

城市轨道交通采用右侧行车制，无论正线或车辆段，地面信号灯应设置于列车运行方向右侧，地面信号机地下部分一般安装在隧道壁上。在特殊情况时，地面信号灯可设置在运行方向左侧或特殊位置。

知识拓展

LED信号机采用LED作为信号显示光源，可以显示红、黄、绿、蓝、白五种颜色，具有小巧美观、操作简单、安装方便、节约能耗、使用寿命长等优点。信号机结构中采用的高强度发光二极管,让 LED 散射光聚焦等问题不复出现;采用铸铝外壳的密封拼装组合结构,实现了 LED 信号机的小巧方便;采用新型材料制造的特殊透镜,实现了 LED 现实距离的远程化。也正是因为如此,LED 信号机才能在众多信号机中脱颖而出。

任务 3　车站行车作业

任务目标

(1)掌握车站行车作业基本要求。
(2)了解车站行车作业制度要求。
(3)掌握车站行车作业接发车、折返等作业方法及要求。
(4)了解车站车门卡滞等故障处理方法。

学习内容

1. 行车作业基本要求

车站行车作业应按照列车运行图要求,不间断接发列车,确保行车与乘客安全,提供优质的运营服务。对车站行车作业的基本要求主要包括以下内容。

1)执行命令,听从指挥

严格按照高度集中,统一指挥的要求,由车站值班员统一负责车站行车作业指挥工作。同时,车站值班员还应该认真执行行车调度员命令和上级领导指示。

2)遵章守纪,按图行车

认真执行行车规章制度,遵守各项劳动纪律。办理作业正确及时,严防错办和忘办,严禁违章作业。当班必须精神集中,服装整洁,佩戴标志,保证车站安全,不间断地按列车时刻表接发列车。

3)作业联系及时准确

联系各种行车事宜时,必须程序正确、用语规范、内容完整,简明清楚,防止误听、错听、误解和臆测行事。

4)接发列车目迎目送

接发列车严肃认真,姿势端正,认真做好看、听、闻,确保行车安全运行。

5）行车报表填写齐全

车站行车人员应按照各报表填写规定，正确填写各种行车报表，保持报表完整、整洁。

2. 行车作业制度

为加强车站行车作业组织，需要建立和健全各项行车作业制度，做到行车作业制度化、程序化、标准化。

1）车站值班员岗位责任制

车站行车作业实行单一指挥制，车站值班员是车站行车作业的组织者和指挥者。根据行车作业的需要，车站还可设置助理车站值班员，但在采用 ATC 系统时一般不设置该岗位。

2）交接班制度

车站值班员交班时，应将列车运行和设备状态，上级指示和命令及完成情况等填记在《交接班登记簿》上，并口头向接班车站值班员交代清楚。

车站值班员接班时，要了解列车运行情况，对行车设备、备品、报表进行检查后，签认接班。内、外勤车站值班员实行对口交接。

3）检修施工登记制度

车站值班员对各项检修施工作业，应根据检修施工计划，向检修施工负责人交代有关注意事项后方可登记。凡影响行车作业的临时设备抢修，要在与行车调度员联系作业时间并获同意后方可登记。检修施工作业结束后，行车设备经试验，确认技术状态良好，方可签认注销。

4）巡视检查制度

送电前，车站值班员应进行站线巡视，检查线路上有无影响列车运行的异物。对站内检修施工后的现场进行巡视检查，符合检修施工登记注销情况。检查行车控制台是否有异常情况。

5）行车事故处理制度

若发生行车事故，应立即采取有效措施进行处理，同时向行车调度员及有关部门报告。认真记录事故发生的时间、地点、列车车次、车号、关系人员姓名及人员伤亡和设备损坏情况。赶赴现场，查找人证与物证，并做成记录。清理现场，尽快开通线路。对责任行车事故，应认真找出原因，提出处理意见，制定防范措施。

3. 车站行车作业内容

1）运营前检查

运营前 30 min，各站须及时向行车调度员报告运营前准备情况，检查确认运营线路（含辅助线）是否具备行车条件。

行车值班员通过施工登记表确认所有影响行车的施工已经结束，线路出清。施工销点时，车站与施工负责人核实作业区线路出清；在最后一项施工作业结束时，车站还需负责撤出红闪灯防护，并确认站内线路出清情况。

值班站长在车站向行车调度报告检查情况前，对本站站台区域的运营线路进行检查，对屏蔽门进行开关门测试，确保屏蔽门开关门功能正常。

确认接触网、照明及环控系统正常，观察确认站内接触网正常；观察确认车站控制室内用电设备运作和车站照明工作正常；检查确认防灾报警系统、车站机电设备监控系统、防火报警系统运作模式正确，各设备工作正常。

行车值班员接到行车调度员检查联锁工作站功能的通知后，接收工作站控制权对所辖区域内各信号设备进行检查，确认设备工作正常后，将控制权交还中央控制中心，如出现异常或故障情况，需及时进行汇报和处理。

2）接发车作业

车站站台作业主要是接发列车，组织乘客乘降，保证列车接发、乘客乘降的安全与效率。站务人员在上站台岗前，需对工作钥匙、对讲机、手提广播等备品进行检查，巡视站台，确认客运、行车设备和设施的状态。在列车进站前，站务人员应站于车站客流集中靠近紧急停车按钮附近的位置接车，密切注视站台乘客动态，制止乘客越出安全线、依靠屏蔽门等行为。若发现危及行车的紧急情况时，应立即按压紧急停车按钮或显示紧急停车手信号。在列车车门即将关闭时，站务人员应站于站台扶梯口附近阻止乘客在关门时往车上冲，车门屏蔽门关闭后，站务人员要确认车门屏蔽门关好，以及车门与屏蔽门缝隙间无夹人夹物等情况。当列车动车时，站务人员应站在紧急停车按钮附近，遇到突发情况时立即按压紧急停车按钮，并通过对讲机呼叫司机停车，到现场进行妥善处理。

3）车门、屏蔽门故障处理

地铁的站间间距较短、站点多，在运营服务时车门、屏蔽门开关频率很高，因而事故率较大。车门出现故障时，由司机切出故障车门，站务人员协助现场进行乘客疏导、安全防护、故障告示张贴等。

屏蔽门发生故障时，由于其状态纳入了信号系统联锁条件，异常的状态将导致列车无法出站，或后续列车无法正常接车。为减少对运营的影响，站务人员要对故障屏蔽门进行及时处理，保证安全的前提下，做初步处理，先让列车恢复运行，之后再进行维修处理。一般有以下几种情况需要站务人员处理：

单个或少数屏蔽门故障时，需要站务人员使用专用钥匙将故障单元屏蔽门的开关模式打至隔离位，将故障屏蔽门切除。

整列或大多数屏蔽门故障无法及时切除，或屏蔽门检测回路故障影响信号系统正常开放进路时，需要站务人员操作就地控制盘，切除屏蔽门与信号系统的互锁关系，具体操作为操作互锁解除,确认互锁解除信号指示灯亮后,向司机显示手信号,指挥列车出发。同时,站务人员要严密监视站台情况,保持站台乘客与开启屏蔽门有一定安全距离,确保行车安全。

4）人工办理进路

信号设备发生故障改用降级模式组织行车时,列车运行进路需要车站工作人员人工办理。此种情况下,人工办理进路包含两个方面的内容：一方面,如果车站联锁工作站可以进行操作时,由车站行车人员在设备上进行操作,办理列车进路；另一方面,若车站联锁工作站无法办理进路时,则由车站人员携带工具前往现场人工办理,一般由车站值班员带领站务员进入轨行区办理进路。在进入轨行区办理进路时,要穿戴好荧光衣、安全帽等防护用品,同时还要检查办理进路的备品是否准备齐全。办理进路的备品主要有红闪灯、手摇把、道岔钥匙、信号灯、钩锁器、锁头、无线电话等。

5）电话闭塞法组织行车

信号系统发生故障无法对列车及进路进行干预时,为了保持轨道交通运营的持续性,各轨道交通企业通常规定了一些应急的人工组织行车方法即电话闭塞法,以便在信号设备故障时可以维持运营,保证行车安全。

车站行车人员办理电话闭塞法的内容、程序与办法如下。

①进路准备：故障连锁站正线上的道岔均要开通正线位置,并使用钩锁器加锁,两端终点站的折返道岔在操作至正确位置后,使用钩锁器钩锁,但只加钩锁器,不用锁头加锁。

②办理闭塞：发车站向接车站请求闭塞,接车站确认接车进路已准备好,接车站台空闲后,方同意闭塞,并给出承认闭塞的电话记录号码。

③发出列车：发车站接车确认闭塞的电话记录号码后,填写路票交给列车司机,与司机共同确认路票信息正确无误后,向司机显示发车手信号,司机凭车站人员手信号动车运行至前方车站。

④闭塞解除：接车站在列车停车位置向司机显示停车手信号。列车整列到达停妥后,向列车司机收取路票,核对无误后,闭塞自动解除。

6）折返作业组织

(1)中央控制。

列车在进行折返作业前,应清客、关门。列车折返进路由中央 ATS 自动排列或行车调度员人工排列。

在自动排列折返进路时,折返列车凭发车表示器的稳定白灯显示进入折返线或停车位置。在人工排列折返调车进路时,折返列车凭调车信号进入折返线或折返停车位置。随后司机立即办理列车换向作业,并凭防护信号机的允许显示进入出发正线。

(2)车站控制时的折返作业组织,除列车折返进路由车站值班人员人工排列外,其余与中央控制时相同。

小贴士

　　车站行车工作的组织者和指挥者是车站长,负责组织和指挥车站行车工作,确保车站行车安全、顺利、有序进行。车站长在发生问题时,首先要做的是及时发现问题,并及时采取有效措施,以确保车站行车安全。其次,要根据问题的性质,采取不同的解决方法。一般来说,解决问题的步骤如下:①及时调整车站行车计划,以确保车站行车安全、有序进行。②及时反馈问题、解决情况,并及时完善车站行车管理制度,以防止问题再次发生。车站行车工作的组织者和指挥者需要掌握一定知识,如车站行车管理制度、车站行车安全管理条例、车站行车计划等。

想一想

1. 城市轨道交通线路由哪三个部分组成?
2. 道岔有什么作用?
3. 道岔控制的手动方式有哪些?
4. 怎样做好道岔的维护工作?
5. 渡线有什么作用?
6. 城市轨道交通常用的信号有哪几种?
7. 车站交通信号颜色分别表示什么含义?
8. 联锁设备有哪些作用?
9. 车站有哪些通信设备?各有什么作用?
10. 车站行车组织人员都有哪些职责?
11. 车站行车组织都有哪些内容?
12. 车站接发车作业有哪些程序?

练一练

　　2022年3月29日由西安开往宝鸡的D2569次列车,采用电话闭塞,请完成该列车接发车作业程序说明。

项目八 车辆段行车组织

项目描述

车辆段在城市轨道交通运营与管理中担负着重要作用。本项目主要介绍车辆段主要业务、主要设施、区域分类、车辆段设备及车辆段行车组织与作业等内容。

学习目标

(1) 掌握车辆段主要业务与主要设施。
(2) 了解车辆段区域分类。
(3) 了解车辆段检修设备。
(4) 掌握车辆段行车组织和作业内容。
(5) 了解车辆段接发车作业组织方法。

素质目标

(1) 通过科学划分车辆段区域,培养行事条理化素养。
(2) 通过了解车辆段检修设备原理,培养精细作业的岗位操守。

能力目标

(1) 能够说明城市轨道交通车辆段主要业务。
(2) 能够阐述城市轨道交通车辆段行车组织与作业内容。
(3) 能够说明城市轨道交通车辆段检修设备主要作用及使用方法。

任务 1 　认识车辆段

任务目标

(1)掌握城市轨道车辆段主要业务内容。
(2)了解城市轨道车辆段主要设备名称与作用。

学习内容

1. 定义

车辆段是城市轨道交通系统中对车辆进行运营管理、停放、维修及保养的场所。一般情况下,一条线路可设置一个车辆段。线路长度超过 20 km 时,为了有利于运营和分担车辆的检查清洗工作量,可在线路的另一端设停车场,负责部分车辆的停放、运用、检查和整备工作,如图 8.1 所示。

检修车辆段用于列车的检修工作,根据其检修作业范围可分为架(厂)修段和定修段。通常由本段、客技站(客车整备所)和列检所组成。

图 8.1

2. 车辆段的主要业务

(1)列车在段内调车、停放、日常检查,一般故障处理和清扫洗刷。
(2)车辆技术检查、月修、定修、架修和临修试车等作业。
(3)列车回段折返乘务司机换班。

(4) 段内设备和机具的维修及调车机车的日常维修工作。

(5) 紧急救援抢修队和设备。

3. 车辆段设施

1) 入段线

入段线位于车辆段与正线结合部,是车辆段与正线过渡线,供列车出入车辆段使用,其有效长度至少保证一列列车停放。

2) 停车库线

停车库线指停放列车的线路,要满足此线路所有运用车辆的停放需要,线路长度根据车辆编组的需要进行设计,一般为列车长度加上 8 m,可设计为一线一列位或一线二列位,线路间距通常为 3.8 m,通常设检修坑道。

3) 维修线

维修线是专用于车辆各种修程的线路,包括大修线、定修线、临修线、静调线等。

4) 试车线

试车线是专用于列车调试、项目试验的线路,试车线一般为平直线路,其有效长度应保证列车最高时速和全制动的需要。

5) 洗车库

洗车库是用于车辆自动清洗的车库,一般安装自动洗车机。列车以低于 5 km/h 的速度通过洗车机,完成车体清洗作业。

知识拓展

停车场与车辆段有什么区别呢?

停车场,顾名思义,主要是停车之用,分担车辆段的负荷,但也具备基础性维修功能,例如车辆清洁、日检、月检等日常维修保养工作。车辆段,除了具备停车场的功能外,还具备地铁车辆的架修、大修功能(每列地铁车辆运行了一定公里数后进行的保养,需要拆解列车,每个系统做详细检查)。

任务 2　了解车辆段区域分类及工作内容

任务目标

(1) 了解城市轨道交通车辆段区域划分方法。
(2) 了解城市轨道交通车辆段区域作用。
(3) 熟悉城市轨道交通车辆段主要工作内容。

学习内容

车辆段区域总体分为三部分:关键部分、线路部分、车库部分。

1. 关键部分

关键部分是车库部分与正线连接的地段,有出入段线和众多道岔,直接影响整个线路的正常运营,如图 8.2 所示。

图 8.2

2. 线路部分

线路部分包括各种不同用途的线路:检车线、停车线、洗车线、列检线、出入库线、车体整修线、试车线、检修线。

1) 检车线

检车线指停车库出入口布置的临时停车线。股道长度为列车长度加 8 m。配有调车信号机,可以做简单的维护保养作业,如图 8.3 所示。

图 8.3

2)停车线

停车线是停车库内专门用于停车的线路,如图 8.4 所示。

图 8.4

3)洗车线

洗车线设置于停车库与运行线之间,是专门用于车辆清洗的线路,如图 8.5 所示。

图 8.5

4）列检线

列检线指专门用于一般检查的停车线,如图 8.6 所示。

图 8.6

5）出入库线

出入库线指连接检修库与停车库或者直接与正线线路连接的线路,如图 8.7 所示。

图 8.7

6）车体整修线

车体整修线指用于完成分解车体、除锈、结构整修、车体组装等作业的线路,如图 8.8 所示。

图 8.8

7)试车线

试车线指对完成定修、架修、大修等修程的车辆进行检测的线路,如图 8.9 所示。

图 8.9

8)检修线

检修线指设在各检修库内的线路,如图 8.10 所示。

图 8.10

3. 车库部分

车库部分包含停车库、检修库、洗车库等,如图 8.11 所示。

1)停车库

停车库用于收车后停车作业和停放备用车辆,进行简单维修保养作业,进行车辆编组、清扫、整备和日常管理工作。

停车库含检车线、洗车线、列检线等线路。

图 8.11

2)检修库

检修库专门用于车辆检修作业,配有检修设备,包括列检库、月检库、定修库、架修库、大修库,如图 8.12 所示。

检修库含列检线、出入库线、试车线、镟轮线、检修线等线路。

图 8.12

3)洗车库

洗车库用于对车辆进行清洗。

4. 熟悉车辆段的工作内容

(1) 日常维护：收车后对车辆按养护规定进行日常检查保养，对车辆内外部清洗打扫。

(2) 列检：对各主要部件进行外观检查，对危及行车安全的故障及时进行重点修理。

(3) 月检：对车辆外观和主要部件技术状态进行检查，对危及行车安全的故障进行全面修理。

(4) 定修：预防性地对各大部件技术状态进行仔细检查，对车上仪器和仪表进行校验，对发现的故障进行针对性修理。

(5) 架修：检查和修理大部件，对车辆重要部件进行分解和清洗、检查、修理、实验、校验。

(6) 大修：全面恢复性修理，对车辆进行全面解体、清洁、检查、修理、整形、实验、校验、调试等。

> **小贴士**
>
> 车辆段设备车间是确保段内所有设备的正常运行，保证列车的检修任务可以按时完成的一个非常重要的车间。

> **知识拓展**
>
> 地铁每天穿梭，不可避免会沾上一些灰尘，而这些灰尘不仅影响美观，甚至还会影响列车设备的正常运转。因此，每月每列车至少"洗澡"两次。专用洗车线轨道两旁，排列着一层楼高的自动大毛刷，这些自动清洗机上的毛刷是根据车辆弧度身高"量身打造"，毛刷采用先进的柔软材质；因为列车外观车体材质为不锈钢，为了既能起到清洁作用又不对列车"皮肤"造成伤害，"沐浴露"采用了专门配方，防止在洗车过程中对车体造成不必要的刮伤。

任务 3　熟悉车辆段检修装备

任务目标

(1) 掌握城市轨道交通车辆段检修设备组成。

(2) 掌握城市轨道交通车辆段检修设备主要作用。

学习内容

车辆段检修设备主要包括运输设备、升降设备、清洗设备、修理加工设备、检测设备、试验设备。

1. 运输设备

运输设备含牵引车、轨道车、移车台、转轨设备等,如图 8.13 所示。

图 8.13

2. 升降设备

升降设备主要包含架车机、落轮升降台等,图 8.14 所示为天津滨海快轨-4 车位地下固定式架车机。

架车机同时提升多节不解钩列车单元,对列车车体下部的机械、电气部件进行维修、保养和更换。

图 8.14

3. 清洗设备

清洗设备包括洗车机、转向架清洗机、超声波清洗机等,如图 8.15 所示。

图 8.15

4. 修理加工设备

修理加工设备含轮对压装机、轨道打磨机等,如图 8.16 所示。

图 8.16

5. 检测设备

检测设备含超声波检测仪、轮缘轮距测量仪、车门驱动空气压力测量装置等,如图 8.17 所示。

图 8.17

6. 试验设备

试验设备含列车静调试验台、转向架试验台等,如图 8.18 所示。

图 8.18

小贴士

车辆段主要由列车停放区、车辆清洗区、检查和小修库、大修车间、机车库组成。

知识拓展

(1)车辆段应有足够的停车场地,确保能够停放管辖线路的回段车辆。车辆段的位置应保证列车能够安全、便捷地进入正线运行,并应尽量避免车辆段出入线坡度过大、过长。

(2)车辆段内需设检修车间。检修车间的工作地点为架修库、定修库和月修库;列检作业在列检库或停车库(线)进行;架修库、定修库内要有桥式起重机和架车设备、车轮镟削机床及存轮库,必要时应设不落轮镟床;架修库、定修库内应有转向架、电机、电器、制动机维修间,应设转向架等设备的清扫装置,单独设立喷漆库;车辆段内还应有车辆配件的仓库。

(3)根据运营管理模式的要求,多数运营单位在段内设运用车间,车间下辖乘务队、运转值班室、信号楼、乘务员备乘休息室、内燃轨道车班等。

(4)车辆段内还应有设备维修车间,负责段内的动力设施及通用设备维修。
(5)车辆清洗设备,并设专用的车辆清扫线。
(6)车辆段内一般还设有为供电、通信信号、工务和站场建筑服务的维修管理单位。办公楼与其他服务设施,如培训场地、食堂、会议厅等。

任务 4　熟悉车辆段行车作业组织

任务目标

(1)掌握城市轨道交通车辆段行车指挥架构。
(2)了解车场指挥岗位责任。
(3)了解城市轨道交通车辆段行车组织内容与作业流程。
(4)了解城市轨道交通车辆段车场接发列车作业。

学习内容

1. 熟悉车辆段行车指挥架构

车场调度室是停车场/车辆段(以下统称:车场)的行车指挥中心。坚持安全第一、集中领导、统一指挥、逐级负责的原则,确保运营生产安全。

车场调度(车场调度长和车场调度员的统称,以下简称:场调)的任务是组织电动列车或工作车(含内燃机车)出入车场、车场内调车、车场内接触网停送电、调度室消防系统设备监控、编制列车运用计划和下达施工进场作业令及其他抢修令等,如图 8.19 所示。

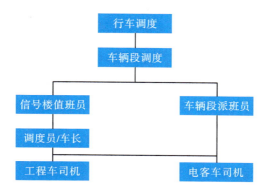

图 8.19

2. 了解车场岗位职责

1)车场调度长职责

(1)负责指挥当班安全生产工作,组织车场调度员完成各项运营生产任务和确保运营生产安全。

(2)及时正确处理运营生产过程中的突发事件,防止事故发生。

(3)掌握场内股道列车占用情况,确认具备办理接发列车、工作车及调车条件后,安排并监督车场调度员办理接发列车、工作车进路和调车进路。

(4)指挥列车、工作车出入车场及调车作业。

(5)掌握场内接触网停送电状态,正确下达停送电命令、倒闸命令和口头命令。认真审核进场作业令,负责施工计划实施、下达及作业销令,并及时告知车场调度员。

(6)认真审核停送电命令表、倒闸命令票(工单)、进场作业令填写正确后方能签字下发。

(7)监督车场调度员及时正确填写生产台账,更新车辆占用及停送电揭示板和相关记录。

(8)负责填写交接班登记本,组织交接班工作。

(9)审核车场调度员运用计划、调车计划编制工作。

(10)当班期间及时进行信息沟通,确保各类运营安全信息报送准确。设备故障时要及时通知相关部门维修处理。

2)车场调度员职责

(1)服从车场调度长指挥,协助车场调度长完成各项运营生产任务,确保运营生产安全。

(2)监视供电复示系统和行车设备运行状态,发现异常情况及时向车场调度长报告,并做好登记工作。

(3)接到车场调度长下达接发列车、工作车或调车命令,确认命令与计划一致且满足条件后,方能办理接发列车、工作车进路和调车进路。

(4)接到电话或上级有关领导指示,及时向车场调度长汇报。

(5)未经车场调度长确认,严禁私自下发停送电命令、倒闸命令、施工作业令等各种命令。

(6)准确填写停送电命令表、倒闸命令票(工单)、进场作业令,并及时在进场作业令登记本、停送电命令登记本、倒闸命令登记本等各种台账(除车场调度长填写的登记本)上登记,填写完后交车场调度长审核确认。

(7)负责运用计划和调车计划的编制工作。

(8)负责更新车辆占用及停送电揭示板上内容。

(9)完成上级安排的其他临时工作。

3. 熟悉车辆段行车作业内容

车辆段行车作业内容：

(1)负责所辖各运行线路内的电动列车运行、整修、整备任务，确保上线运营和列车状态良好。确保上线运营列车准点出厂、回库，能顺利进行运行列车的调整。

(2)配合维修人员完成列车的保养、维修、调试等工作。

(3)安排场内调车作业及正线开行施工列车。

(4)协调场内各专业技术工种在规定界面的施工过程。

(5)协助正线事故救援工作。

(6)编排列车运行计划。

(7)按列车运行要求配置列车及乘务人员。

(8)管理车辆乘务人员。

4. 熟悉车辆段行车作业流程

列车在车辆段内的运转流程主要包括4个环节，分别是列车出车作业、正线运营作业、列车收车作业、列车整备作业，如图8.20所示。

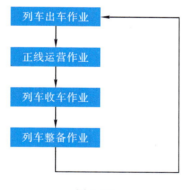

图 8.20

1)列车出车作业

列车出车作业包括编制发车计划、司机出乘、列车出库与出段。

(1)编制发车计划。

发车计划由车场调度员根据列车运营图、运营检修用车安排、车场线路存车情况等编制。编制完成后，下达至信号楼值班员，将列车车次、车号、有无备车、备车车号上报行车调度员。

(2)司机出乘。

按照规定时间到规定地点办理出勤手续，领取相应物品，了解注意事项，包括：车次、车号、停车股道、区间有无施工、限速要求及其他行车注意事项。确认派班员发放的行车备品是否齐全、状态是否良好,表单是否正确等,并对列车进行检查。合格后方可发车。

(3)列车出库与出段。

在报告信号楼值班员"×××车整备作业完毕,请指示!"后,等待信号楼值班员命令,未得到出库命令时严禁动车。

列车出库前确认事项:

①进路安全。

②库门开启。

③信号灯显示白色灯光。

④司机室门锁闭良好。

⑤模式开关在 RM 位。

2)正线运营作业

列车正线运营包括列车运行交路、列车驾驶员作业、司机交接班三方面。

①正线运行的循环交路、在两端折返的时刻、出入段时间顺序由车辆周转图规定。

②严禁司机违章行车,应确保行车安全和乘客安全。正司机严格按照指示操作,副司机严格按照乘务员的命令完成各项工作。

③司机应按要求出勤,需要将列车技术状态、有关行车命令、注意事项交代清楚。

3)列车收车作业

列车收车作业包含列车入段与入库、库内作业两部分。

(1)列车入段与入库。

正常情况下,列车入段与入库时通过入车线回段。在行车调度员准许的情况下,也可在出库线入段。

(2)库内作业。

司机对其进行检查,确认无异常情况后,带齐相关报单,办理退勤手续。若发现列车技术不良,则应报值班员,并做好相关记录,如图 8.21 所示。

图 8.21

4）列车整备作业

列车整备作业包括清洗、检修、车辆验收三部分。主要内容包括：①对列车内外部清洗、打扫。②在回库停稳后，运转员及时与检修部办理车辆交接手续，检修完毕后办理移交手续。③再次检查、验收，确认车辆符合正线运行的要求。

> **小贴士**
>
> 车辆段所有调度作业，应以确保正线正常运营为基础，合理安排调车作业程序、时机，不得以任何理由干扰正线运营。

> **知识拓展**
>
> 城市轨道交通行车人员主要包括以下几大类：
> 1. 运务人员：办理行车或转运业务之站长、副站长、替班站长、列车长、车长、站务员、站务佐理及运务工。
> 2. 工务人员：道班领班、道班副领班、道班技术工、号志领班、号志工、查道车司机及办理看栅技术工。
> 3. 机务人员：机车长、司机员、机车助理。
> 4. 电务人员：技术领班、技术助理、电车线维修车驾驶人员。

任务 5　了解车场接发列车作业

> **任务目标**
>
> (1) 了解城市轨道交通车辆段车场接发车一般要求。
> (2) 了解电动列车出场/段作业主要操作流程、标准用语。

> **学习内容**

1. 了解车场接发车一般要求

电动列车出车场时，凭发车线路开放的信号机显示和场调的口头命令动车。在转换轨处运行模式按《轨道交通电动列车（地铁）驾驶安全和操作规程》要求执行。

电动列车发车时，已到列车出库时间，但场调仍未开放进路和通知发车，司机应主动向场调询问原因。

电动列车在车场内运行中,司机要不间断进行瞭望,确认进路和信号,并注意运行前方的接触网状态,防止列车进入无网区。

回场电动列车和工作车必须在进场信号机前方一度停车,无论信号是开放还是关闭状态,司机与场调联系确认接车线路及注意事项后,按信号机显示动车,如图 8.22 所示。

图 8.22

2. 了解电动列车出场/段作业主要操作流程、标准用语

项目	岗位作业标准			安全要点
	车场调度长	车场调度员	司机	
出场/段准备	(1)复核:出场/段列车的编组号、时间、出场/段线别及停放位置正确并复诵。 (2)复核:供电复示系统(无供电复示系统时通过倒闸命令登记本和停送电命令登记本)、揭示板确认出场/段进路已送电且全线空闲。 (3)应答:"××车××线(××段)带电,可以升弓。"	(1)根据运用计划口述出场/段列车的编组号、时间、出场/段线别及停放位置。 (2)通过供电复示系统(无供电复示系统时通过倒闸命令登记本和停送电命令登记本)、揭示板确认出场/段进路已送电且全线空闲。	(1)整备作业,联系场调:"场调,××车××线(××段)请求升弓。" (2)确认正确后,应答:"××车××线(××段)带电,可以升弓,××车明白。"	(1)确认无影响出场/段的施工作业、调车作业。 (2)供电复示系统或车辆占揭示板显示进路供电状态正常。 (3)如出场/段列车有特殊要求,行调应及时通知场调

续表

项目	岗位作业标准			安全要点
	车场调度长	车场调度员	司机	
办理出场/段列车	(4)通知车场调度员:"××车××线(××段)至出(或入)场/段线出场/段,开放信号。"听取复诵无误后,命令:"执行。" (5)确认信号正确,应答:"××线××段至出(或入)场/段线出场/段信号好(了)。" (6)填写行车日志	(3)复诵:"××车××线(××段)至出(或入)场/段线出场/段,开放信号。" (4)开放出场/段信号,口呼:"××线(××段)",按下始端按钮。口呼:"出(或入)场/段线",按下终端按钮。确认光带(表示灯)、信号显示正确,口呼:"信号好(了)。"		(4)办理进路,开放信号时,执行"一看、二确认、三呼唤、四按(点)"程序及"眼看、手指、口呼"制度。 (5)眼看:看准应操作的按钮。手指:中指、食指并拢成"剑指",指向应操纵的按钮(计算机联锁设备为鼠标对准应确认的按钮)。口呼:规定用语,吐字清楚。 (6)再次确认接触网供电状态
列车出场/段列车报点	(7)收到列车整备作业完毕的汇报后,应呼:"×××车,××线(××段)至出(或入)场/段线出场/段进路好(了),确认信号正确后出场/段。" (8)出场/段进路未办理完毕时,应呼:"××车原地待令。" (9)向邻站、行调报点,填写行车日志	(5)通过控制台、监控器等设备确认列车出场/段	(3)列车整备作业完毕后报场调:"场调,××车整备作业完毕,具备上线条件"。 (4)接受场调通知并复诵:"××线(××段)至出(或入)场/段线出场/段进路好(了),确认信号正确后出场/段,××车明白。" (5)收到原地待令的通知时,应答"原地待令,××车明白"	(7)司机确认信号正确后按《地铁电动列车驾驶安全和操作规程》要求动车。 (8)不间断监控控制台、监控器等设备状态

续表

项目	岗位作业标准			安全要点
	车场调度长	车场调度员	司机	
列车出清	(10)确认车场调度员摆放正确	(6)列车出清后,将揭示板与现场摆放一致,呼:"××车已出场/段。"		(9)认真确认,保持与现场一致

小贴士

城市轨道交通进路作业"三确认":
(1)确认进路线路空闲。
(2)确认接发车进路正确无误。
(3)确认影响进路作业的其他作业均已停止。

知识拓展

车辆段内接发列车的三种工作模式:

(1)单一交路行车的组织方式,指所有运营列车在两端终点站折返并循环运行的方式,适用于长度相对较短、客流分布比较均匀的线路行车组织方式。

(2)大小交路行车组织方式,指部分列车线路在两端终点站和中途具备折返条件的车站折返,从而形成中间重合段相对密集的行车方式,适用于长度相对较长、客流高度集中在部分区间线路的行车组织方式。

(3)不均衡运输行车组织方式,指在交路不变的条件下,通过抽疏某一方向的部分列车或使部分运营列车中途折返,局部增大另一个运营方向的列车数,调整运能分布的方向、时间(原有运能前移或后移)等不均衡运输的组织方式。

▶ 任务6 熟悉车辆段调车作业

任务目标

(1)掌握车辆段调车作业作用、分类及工作制度。
(2)了解车辆段调车作业的技术要求及安全规定。

学习内容

除正线列车在车站到、发、通过及在区间内运行，参与运营活动以外的所有为了编组、解体列车或摘挂、取送车辆、转线等车辆在线路上有目的地移动统称为调车。

1. 认识车辆段调车作业

1）调车作业作用

调车作业是保证城市轨道安全运行的重要环节。调车作业作用具体表现如下。

（1）按时、正确地进行调车作业，保证电动列车按运行图的规定时刻发出列车，按运行图的要求安排使用列车。

（2）及时取、送需要检修的车辆，保证检修车辆按时到位。

（3）保证车辆段设备及调车作业运行安全和人身安全。

（4）确保其他物资运输的运行正常进行。

2）调车作业分类

调车作业分为有电调车和无电调车。

有电调车是指调车车列需要直接从接触网受电的调车作业。

无电调车是指调车车列不需要从接触网受电或无网区的调车作业。

3）调车作业工作制度

为保证调车作业安全、协调、迅速进行，按时完成作业任务，必须制定和遵守严格调车制度，实行统一领导、单一指挥。具体制度如下。

（1）交接班制度。

交接班时，调车组在规定地点对号交接线路存车数、停留车位置、安全及有关注意事项等。

（2）调车作业前准备制度。

在调车作业前，调车长应将调车作业计划、作业方法向调车司机及其他调车人员传达清楚。

（3）班后总结制度。

结束后，由调车长负责召集调车组人员，总结本班生产任务完成情况、安全情况等，遇到非正常情况要及时向车场调度员报告。

（4）要道还道制度。

要道还道制度是一项确保安全的互控制度，目的是防止车辆进错股道或发生挤岔事故。

2. 了解调车作业的技术要求及安全规定

1）技术要求

(1) 调车作业时，外勤应正确及时地显示信号，内燃机车司机要认真确认信号并鸣笛回示。

(2) 推进车辆连挂（或向尽头线推送车辆）时，要显示 100 m、50 m、30 m 距离信号，没有显示 100 m、50 m、30 m 距离信号，不准挂车。若没有司机回示，应立即显示停车信号。

(3) 推送车辆时，要先试拉。列车前部应有人瞭望，及时不间断地显示信号。

(4) 当调车指挥人确认停留车位置有困难时，应派人显示停留车位置信号。

(5) 调车作业时，遇特殊情况或因车场设备条件限制影响人身或作业安全，需在另一侧作业时，外勤必须通知司机确认后方可全部改为另一侧作业。

(6) 调车作业摘车时，应停稳做好防溜措施后方可摘开车钩；挂车时，没有连挂妥当，不准撤除防溜措施。

2）调车作业速度及安全距离规定

(1) 在空线上牵引运行时，不准超过 15 km/h；推进运行时，不准超过 10 km/h。工程车库、检修库、运用库内限速 3 km/h。

(2) 距停留车位置 100 m、50 m、30 m 时，速度不准超过 7 km/h、5 km/h、3 km/h，接近被连挂的车辆时，不准超过 5 km/h。

(3) 在尽头线上调车时，距线路终端应有 10 m 的安全距离；遇特殊情况，必须近于 10 m 时，不准超过 3 km/h。

(4) 电动列车在有接触网终点的线路上调车时，应控制速度，电动列车距接触网终点标应有 10 m 的安全距离。

(5) 遇天气不良等非正常情况，应适当降低速度。

3. 了解调车作业计划

1）调车计划编制

(1) 调车计划以"调车作业通知单"（以下简称：调车单）的形式予以表现，场调根据场内列车检修计划、施工计划及现场具体情况等编制调车单，并将电子档、纸质件进行保存。

(2) 场调在车场调度室当面向外勤传达调车单（当外勤值班室距离车场调度室较远时，可使用传真进行调车单传达，但必须传达清楚）。

(3) 外勤收到调车单后确认内容正确并在调车单内签字确认，当有异议时应当面指出（当外勤值班室距离车场调度室较远时，应通过录音电话确认内容正确并向场调汇报外勤工号，当有异议时应及时指出）。

(4)调车单一式三份,一份场调存档,两份交外勤作业。若外勤值班室距离车场调度室较远,则使用传真进行调车单传达,外勤收到调车单后签字书面回复车场调度,由外勤将调车单复印后交予调车相关人员(含内燃机车司机),并当面传达。

(5)外勤严格按调车单内容组织调车,调车作业完毕后及时报告场调。

2)调车计划变更

调车计划需要变更时,场调须重新编制调车单。传达变更调车计划必须停车传达。

4. 安全规定

(1)按规定时间在规定地点出勤,严禁班前 6 h 内饮酒,酒精含量小于 10 mL,身体状况符合工作要求。

(2)按规定着装,穿戴好劳保用品、戴好工作证(员工牌)。

(3)车场内所有接触网设备,自第一次受电后即视为带电状态,所有人员必须与接触网时刻保持 700 mm 以上的安全距离。

(4)进入各库应按规定路线或在规定通道内行走,不得翻越安全栏栅、穿越轨道线路;紧急状况时,不能乱跑,应走紧急通道和出口。

(5)工作时间精神集中,不做与工作无关的事,不得嬉戏打闹。

(6)学习员工操作时必须有师傅带领并负责其安全,实习期未满或未批准定岗作业前严禁单独作业。学员如需操作设备,必须在师傅监督下进行。

(7)脱离本岗位连续 30 天及以上的人员需重新参加段级安全和业务培训,经考试合格后方可独立上岗操作。

(8)场调必须学习和执行本调度规程及班组相关作业制度,掌握各项设备的性能和操作方法,并经考试合格方可进行操作。

(9)车场调度员和车场调度长要严格执行岗位互控制度,严禁擅离职守。每半年参加网络运行公司组织的安全考试,考试合格后方能上岗工作。组织安全学习和业务培训,不断提高安全意识。

(10)严禁在车场调度室内吸烟及使用明火,严禁使用大功率电器设备及其他未经允许的电器设备。

当班期间做到信息沟通及时、准确、到位。设备故障时要及时通知相关部门处理,并做好登记工作。

小贴士

调车作业(shunting operation)用于铁路运输领域,调车作业计划由调车领导人负责编制,并以调车作业通知单的形式下达给调车指挥人及有关人员执行。

知识拓展

调车作业的主要目的如下。

(1)解体调车,将车列或车组中的车辆按一定要求(如重车按去向,空车按车种,不良车按检修地点等)分解到各指定线路内的调车。

(2)编组调车,根据有关规定将车辆编成车列或车组。

(3)摘挂车辆的调车,为列车补轴、减轴、换挂车组或摘挂车辆。

(4)取送调车,为装卸货物或检修车辆等目的向作业地点取送车辆。此外,还有车列和车组转场、货车的检衡、场内车辆整理等调车,以及在站线上放行机车等。

想一想

1.城市轨道交通车辆段由哪几部分组成?各部分主要作用是什么?

2.什么是调车作业?其指挥原则是什么?

3.调车作业中的"统一指挥"由谁指挥?"统一领导"由谁领导?

4.调车作业中,信号显示不明,怎么办?

5.推进列车中,谁负责前方进路确认?

6.列车收车作业涉及哪几个工作岗位?各负责什么工作?

7.如何终止调车作业进路?

练一练

请分组分角色演练正常情况下车辆接发车作业。

要求:按照城市轨道交通接发车标准规范操作。

项目九 特殊情况下列车行车组织

项目描述

特殊情况下的列车运行组织措施是指在正常的行车组织办法受到干扰的情况下,在列车运行控制上采取的一系列非正常措施,包括列车救援、列车退行、应急扣车、开放引导信号接发车作业、列车过轨作业等。

学习目标

(1)掌握救援列车的开行办法。

(2)掌握列车退行时的行车组织方法。

(3)熟悉应急扣车时的处理方法。

(4)掌握开放引导信号接发车作业要求。

(5)了解列车过轨作业的方法。

素质目标

(1)树立安全意识,做到安全第一。

(2)培养沟通协调,团队合作的能力。

(3)培养迅速反应,周全考虑的能力。

能力目标

(1)能够分析列车行车特殊情况的产生原因。

(2)能够处理特殊情况下的列车行车组织。

任务 1　救援调车作业

任务目标

（1）了解救援的分类。
（2）掌握开行救援列车需要向行车调度员报告的内容。
（3）熟悉救援列车所采用的方式。
（4）掌握列车救援作业办理的程序。
（5）掌握救援列车的开行及操作要点。

学习内容

当列车因故障在正线上迫停，为尽快开通线路，需要开行救援列车去故障列车迫停点。救援列车连挂牵引或推送故障列车到适当的车站清人，返回车辆段，此作业称为救援调车作业。

救援列车：故障车与担当救援列车连挂完毕后，所组成的列车统称救援列车。

1. 救援的分类

（1）按救援作业实施位置划分，救援可分为车站救援和区间救援两种。
①车站救援：列车连挂位置在站内的救援。
②区间救援：列车连挂位置在区间的救援。
（2）按救援作业完成后列车运行方式划分，分为牵引救援和推进救援两种。
①牵引救援：列车运行中以车头部作为牵引点。
②推进救援：列车运行中以中部或后部作为牵引点。

2. 开行救援列车需要向行车调度员报告的内容

开行救援列车时，需要向行车调度员报告以下内容：
①列车车次及车号。
②请求救援事由。
③迫停时间、地点（以百米标、公里标为准）。
④是否妨碍邻线。
⑤其他需要说明的事项。

3. 列车救援所采用的方式

对于列车救援,根据故障车及救援车的位置、类型不同,通常采用以下几种方式。

①故障列车在区间,利用同一站间区间的后续列车担当救援,如图9.1所示。

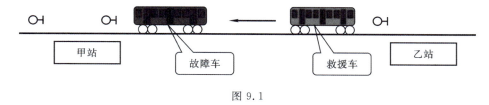

图 9.1

②故障列车在区间,利用后方车站的列车清人后担当救援,如图9.2所示。

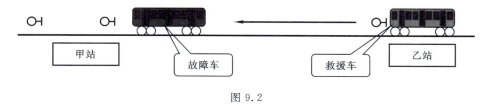

图 9.2

③故障列车在车站,利用后方区间的列车担当救援,如图9.3所示。

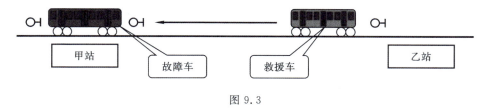

图 9.3

④故障列车在车站,利用后方车站的列车清人后担当救援,如图9.4所示。

图 9.4

⑤故障列车在区间,利用前方车站的列车清人后退回区间担当救援,如图9.5所示。

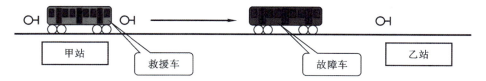

图 9.5

⑥故障列车在车站,利用前方车站的列车清人后退回车站担当救援,如图9.6所示。

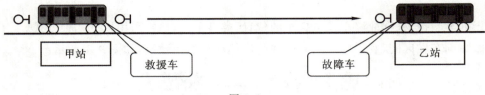

图9.6

4. 列车救援作业办理程序

列车救援作业办理程序如下。
①通知行车值班员、站区、有关部门。
②开行救援列车的区间即时封锁,阻止后续列车进入该区间。
③依据调度命令办理发车区间的闭塞手续。
④依据调度命令对被救援车或担当救援列车进行清人,并进行广播宣传。
⑤列车清人完毕后向行车调度员汇报。
⑥必要时向担当救援列车司机交递救援及清人命令。
⑦依据行车调度员指示通知司机发车,或确认符合闭塞条件后开放出站信号机。

5. 列车救援作业的注意事项

①接到救援请求或救援通知后,通知故障车禁止移动。
②开行救援列车不办理任何闭塞手续。
③列车在封锁区间内进行救援作业的依据为调度命令。
④区间的封锁与解除凭调度命令办理。
⑤列车在车站进行连挂作业时由司机自行完成,行车值班员无须再向列车显示调车手信号;当需要向救援列车显示手信号发车时,该手信号应向担当救援列车显示。
⑥列车连挂完毕后,救援列车运行时,必须采用代用闭塞法行车。
⑦当需要交递救援命令时,该命令应交与担当救援列车的司机。
⑧由于列车救援会造成车站长时间无车,并且发出、接入救援列车的车站要进行清车作业,会造成车站站台客流激增,所以办理此项作业时,要及时通知行车值班员,并按要求做好广播宣传工作。
⑨接入救援列车的车站,若需要使后6节车进入车站进行清车时,必须确认发车端的闭塞手续已办理完成,列车已具备进入区间的条件后,方可使列车前部进入区间;列车前部进入区间的目的虽然是使后续车厢进入站台,但针对该列车实际已办理了发车作业,列车后部进入站台清人完毕后,行车值班员无须再向司机显示发车信号,依据行车调度员指示告知司机发车即可。

6. 救援列车的开行

1）救援列车的请求与派遣

行车调度员接到驾驶员（车长）、行车值班员的救援请求后，应向有关车站或车辆段发布开行救援列车的命令，及时组织备用车上线救援，如果救援列车用运行中的客车时，必须清客，空车救援。故障列车在区间时还需发布封锁区间线路的命令。

2）救援列车进入封锁线路的行车组织办法

向封锁线路发出救援列车时，不办理行车闭塞手续，以行车调度员的命令作为进入该封锁线路的许可。

3）救援的有关规定

为保证在救援中不发生因防护不当等原因造成救援列车与被救援列车相撞的事故，必须严格遵守以下规定。

①已申请救援的列车严禁动车，驾驶员（车长）应打开被救援列车两端的标志灯作为防护信号，并做好与救援列车的连挂准备工作。

②申请救援的列车驾驶员在连挂之前可继续排除故障，但不能启动列车，如故障排除则报告行车调度员取消救援。

③救援列车应在被救援列车规定的距离外停车，听候救援负责人（被救援列车驾驶员）的指挥连挂。

④在未接到开通封锁线路的调度命令前，不得将救援列车以外的其他列车开往该线路。

⑤行车调度员发布救援列车进入封锁线路的调度命令前必须确保救援列车已经清客。

7. 救援列车作业要求及操作要点

救援列车前往救援时可选用正向牵引，也可采用推进运行方式，无论采用哪一种方式，救援列车及故障列车都必须遵守以下要求。

1）做好救援故障列车前的准备工作

（1）清客。

救援列车必须在附近就近站台进行清客作业，故障列车停在站台或部分已进入站台，必须进行清客作业。

（2）建立无线通信。

救援列车、故障列车与行车调度员间建立无线通信，进行通话测试。

（3）选择驾驶模式。

①如果使用正向牵引方式，完成清客作业后，驾驶员应前往另一端的驾驶室，得到行车调度

员授权后,选用ATP固定限速下人工驾驶模式前往故障列车现场,并在故障列车前不少于规定距离外停车,然后以调车模式与故障列车进行连挂。

②如使用推进运行方式,完成清客作业后,驾驶员应用ATP下的人工驾驶模式前往故障列车现场;接近故障列车时必须得到行车调度员授权,选用ATP固定限速下的人工驾驶模式并停在故障列车前不少于规定距离处,然后进行挂接。

2)救援列车与故障列车进行连挂作业

(1)救援列车驾驶员必须确定故障列车已将故障切除,方可进行连挂作业。故障列车驾驶员必须确定故障部分已被切除,并通报有关情况给救援列车驾驶员。

(2)完成连接后,救援列车驾驶员必须将"列车连挂"开关打到"通"位并经相互确定后,进行制动系统测试。确定制动系统作用正常及故障列车的制动系统已缓解后,便通报行车调度员。

(3)得到行车调度员授权后,救援列车驾驶员可使用以下驾驶模式及指定速度将故障列车驶离正线。

①使用正向牵引方式:救援列车驾驶员可使用ATP监督下人工驾驶模式以不高于指定速度驾驶列车。

②使用推进运行方式:救援列驾驶员可使用ATP固定限速下的人工驾驶模式以不高于指定速度驾驶列车,在途中必须依据故障列车驾驶员指示驾驶。如在规定时间(如5 s)内得不到故障列车驾驶员指示,救援列车驾驶员必须停车。

小贴士

在任何情况下救援列车驾驶员及故障列车驾驶员均必须保持联络,如遇突发事情应立即停车了解实况,直至完成救援作业。如故障列车当时处于站间(车上仍有乘客),在完成挂接作业后应立即前往就近站台进行清客作业。

思政元素

2020年8月,西安地铁3号线高架段发生了一起列车故障,导致该线路部分区间列车停驶、晚点,给乘客的出行带来了一定的影响。西安地铁公司立即启动了应急预案,派出救援车对故障列车进行前车推进,完成调车作业。

此次事件的处置经验具有一定的借鉴意义。首先,西安地铁公司通过对员工进行定期安全意识和应急处置能力的培训,使员工意识到安全工作的重要性,提高了员工面对突发事件时的应对能力。其次,公司加强了员工对客户安全、车站秩序和卡车清运的责任意识,并与员工共同探讨解决问题的可行性和危机处理的方法。最后,在事件处理完成后,公司对员工进行了安全教育和教训总结,提高了员工的思想素养和应对突发事件的能力。

在实际工作中,西安地铁公司始终坚持人员素质建设,积极开展各种培训和学习,使员工形成正确的安全生产意识和应急处置能力,确保了地铁运营的安全性和可靠性。

任务 2　列车退行作业

任务目标

(1)掌握列车退行时,运营控制中心、驾驶员、车站的职责。
(2)掌握列车退行作业的程序。

学习内容

列车运行方向与列车原运行方向相反的作业,称为列车退行作业。

列车因事故或其他原因在站间不能正常行车的情况下,为避免列车进行站间清客,行车调度员可授权列车驾驶员进行列车退行至最近的站台。

(1)列车因故在站间停车需要退行时,驾驶员必须报告行车调度员,行车调度员必须充分了解情况,在列车无法前进的情况下,下达准许列车退行的调度命令,在得到行调的命令后,列车方可退行,行调应及时通知有关车站。

(2)行调在确认后方相邻区间没有列车占用,并将后续列车扣停在后方站,方可同意列车退行。

(3)列车退行进入车站时,车站接车人员应于头端墙处显示引导手信号,列车在头端墙外必须一度停车,确认引导手信号正确后方可进站。

(4)退行列车到达车站后,驾驶员应及时向行调报告,同时根据行调的命令处理。

1. 列车退行时,运营控制中心、驾驶员、车站的职责

1)运营控制中心

确认列车退行方式,向驾驶员授权转换驾驶模式;确认需要退行的列车后方区间空闲,指示后续追踪列车做好站外停车的准备,下达退行指令前,已收到车站人员确认乘客处于安全状态的信息;核对退行后列车标识号是否正确。

2)驾驶员

须确认列车性能是否良好,动车前,确认接收到行车调度员的授权;需要退行时,驾驶员必

须向行车调度员请求退行；驾驶员得到行车调度员的命令后方可退行；退行前，驾驶员须向乘客做好广播安抚；进站时加强瞭望，对于未设置反向停车标的车站，参照邻线停车标对标停车。

3）车站

确认站台乘客处于安全位置，并向行车调度员汇报，及时向站台乘客做好广播。

2. 列车退行作业程序

1）行车调度员

(1)通知列车退行目的地车站的值班站长有关退行的安排，确保涉及退行的路段上没有其他车辆占用及列车经过的信号机显示危险信号，实施适当保护方法以保障退行时列车的安全。

(2)指示列车驾驶员及副驾驶员前往尾端的驾驶室，并进行无线通信设备测试，以确保通信功能正常。

(3)授权列车驾驶员ATP固定非限速人工驾驶模式驶至目的地，并提醒列车驾驶员沿途必须留意道岔的位置及站间的状况，确保列车驾驶员清楚退行的安排。

(4)完成退行，指示列车驾驶员进一步的行动(例如列车清客)，当事故处理完毕后安排恢复正常行车。

2）列车驾驶员

(1)清楚退行安排后，必须复述行车调度员的指示以作确认。

(2)按行车调度员的指示，协同副驾驶员前往尾端的驾驶室准备，进行无线通信设备测试，以确保通信正常。

(3)得到行车调度员授权后，以ATP固定非限速人工驾驶模式开往目的地，沿途要间歇地鸣笛，并需在副驾驶员的协助下留意线路、道岔的位置是否与行车调度员的指示相符，是否出现突发情况；如发现不正常情况，必须立刻停车，先向行车调度员报告及求证，方可继续行车。

(4)当到达目的地的站台并完成列车清客后，留在车内等待行车调度员进一步的指示。

3）值班站长

(1)当得到行车调度员列车退行的指示后，退行目的地车站值班站长必须安排启动站台控制板的紧急停车按钮，安排车站人员在有关站台的头端墙处显示引导手信号接车，在尾端墙向着退行列车驶来的方向显示停车手信号。

(2)退行列车停在站台后，协助驾驶员清客。当列车完成清客后，按行车调度员的指示办理。

4）列车退行作业的办理程序

列车退行作业分列车由区间向车站退行和列车由车站向区间退行两种情况。

(1) 列车由区间向车站退行的办理程序。

①接受调度命令,接收控制权。

②确认接车线路(退行列车至接车站站线)空闲后,关闭后方站出站信号机或通知后方集中站关闭相关出站信号机进行防护。

③办理接车进路,进行退行列车广播。

④进路办理完毕后向行车调度员汇报。

⑤列车在车站规定位置停稳后,接车站向行车调度员报告接车情况。

⑥作业完毕后,开放后方站出站信号机。

(2) 列车由车站向区间退行的办理程序。

①接受调度命令,接收控制权。

②关闭出站信号机。

③确认列车退行所需占用的站间区间空闲后,关闭后方站出站信号机或通知后方集中站关闭相关出站信号机进行防护。

④办理进路,进行退行列车广播。

⑤列车依据行车调度员指示退入区间。

⑥列车在规定位置停稳后,向行车调度员报告列车退行情况。

⑦退行列车整列返回后,开放后方站出站信号机。

小贴士

办理列车退行作业时,应注意以下事项。

(1) 在实行电话闭塞法行车时,待列车整列退回到车站后,应与邻站办理取消闭塞的手续,发出电话闭塞编码作为取消闭塞的依据。

(2) 预定退行的列车或区间有作业的列车发出后,出站信号机应显示停车信号,在确定该列车已回到本站或已到达前方站后,方准显示绿色灯光。

思政元素

地铁退行作业具有高风险、高复杂性、高技术要求的特点,因此必须按照规范性流程来进行。

在这样一项高风险工作中,责任意识和职业道德是最为重要的因素。作为地铁列车驾驶员或其他相关工作人员,其首要职责就是保证乘客和工作人员的安全。因此,他们必须具备高度的职业道德和责任感,严格遵守规章制度,以确保作业的顺利进行并最大限度地保障安全。

例如,在退行作业时,列车驾驶员必须遵守作业规范,确保车辆停放在指定位置,同时检查刹车系统等安全装置是否正常。此外,他们还必须确保现场操作人员的物品安全,为操作人员提供必要的协助和支持,协调各个作业分段,避免任何可能导致事故的情况出现。这项工作还需要工作人员具备高度的专业技能和经验,以确保作业的高质量和高效率。

任务 3　应急扣车作业

任务目标

(1)掌握应急扣车的规定。
(2)掌握紧急停车的操作事项。

学习内容

发生紧急事件或事故时,应执行以下紧急扣车的规定:

(1)当行调需扣车时,可在列车信号系统(multi media interface,MMI)上直接操作并通知驾驶员和车站,或指令车站操作或通知驾驶员。

(2)当车站需要扣车时,由车站值班站长(值班员)按压局域控制板(local control panel,LCP)上的扣车按钮,并及时报告行调,由行调通知驾驶员,遇紧急情况按紧急停车按钮。

(3)扣车原则上是"谁扣谁放",只有在 ATS 故障时,对原在 MMI 扣停的车,经行调授权后由相关车站放行。

(4)执行"放行"命令时,应确认列车已停稳,方可操作。

1. 紧急停车

有效操作紧急停车的前提条件是列车以 SM、ATO 及 AR 模式驾驶。紧急停车有效的区段范围是行车组织规则中规定的区段。在必要时,站务人员或乘客可以按压站台的紧急停车厢里的按钮,或行车值班员(值班站长)按压 LCP 盘上的紧急停车按钮。

在 LC 盘上对紧急停车的操作步骤如下。

(1)在 LCP 盘上按相应的停车按钮。

(2)LCP 盘上相应的紧急停车指示灯亮红灯,并发出电铃报警声音,同时在 LOW 上相应的站台区段出现红色蘑菇闪烁。

(3)执行切除报警操作,按压相应的切除报警按钮,消除报警声音。

危及行车或人身安全的情况消除后,在 LCP 盘上切除紧急停车功能,操作步骤及现象如下:

①在 LCP 盘上按压相应的取消紧停按钮。

②LCP 盘上相应的紧急停车指示灯灭,并发出电铃报警声音,同时在 LOW 上相应的站台区段的红色蘑菇灯消失。

③此时应执行切除报警操作,按压相应的切除报警按钮,消除报警声音。若是在站台上操作紧急停车按钮,LCP 盘上相应的紧急停车指示灯亮红灯,并发出报警声音,同时在 LOW 上相应的站台区段出现红色蘑菇灯闪烁。当执行切除报警操作后,电铃报警声音消除。当需要切除紧急停车功能时,在 LCP 盘上按压相应的取消紧停按钮,LCP 盘上相应的紧急停车指示灯灭,并发出电铃报警声音,同时在 LOW 上相应的站台区段的红色蘑菇灯消失。当执行切除报警操作后,电铃报警声音消除。

2. 在 LCP 盘上进行扣车

有效操作扣车的前提条件是列车以 SM、ATO 及 AR 模式驾驶。列车进站台或在站台停稳时运营停车点未取消。扣车的有效区段是站台区段。

1)"扣车"操作步骤

在 LCP 盘上按压"扣车"按钮,LCP 盘上相应的扣车指示灯红灯闪烁(注:如果是运行控制中心扣车,LCP 盘上相应的扣车指示灯为稳定红灯),同时在 LOW 上发生 B 类报警,记录了对应的站台区段的扣车提示内容,并发出报警声音,此时应点击 LOW 基础窗口上音响按钮,消除报警声音。

2)"放行"操作步骤

在 LCP 盘上按压"取消扣车"按钮,LCP 上相应的扣车指示灯灭,然后再按压相应的"扣车"按钮一次(复位),后再按压相应的"取消扣车"按钮一次(复位)。同时在 LOW 上对应的 B 类报警的第三栏有"扣车恢复"的提示信息。

3)扣车原则

如果 LCP 盘上运营停车点指示灯亮黄灯,则扣车操作有效。在 ATS 系统正常时,如果 LCP 盘上运营停车点指示灯黄灯灭(如果只是黄灯指示灯灯丝断,可以进行扣车操作),则扣车操作无效,因为此时运营停车点已被取消。在 ATS 系统故障时,信号系统将自动进入车站远程终端单元(remote terminal unit,RTU)降级模式或 LOW 人工控制模式,此时只要运营停车点未取消,扣车操作有效。

任务 4　有车线接车作业

任务目标

(1)掌握有车线接车作业办理程序。
(2)了解开放引导信号接发车规定。

学习内容

在站内无空闲接车线路,或虽有接车线路但接车末端与停留车失去了隔开作用的情况下必须接入列车时的作业,称为有车线接车作业。此时需要根据调度命令,按调车作业办理。

1. 有车线接车作业办理程序

(1)通知停留车司机禁止移动列车。
(2)被接入的列车应在防护有车线的信号机外方停车。
(3)向接入列车显示调车手信号,将列车接入有车占用的线路。
(4)作业完成后,向行车调度员报告接车情况。

注意:
①有车线接车作业必须按调度命令办理。
②接入的列车尾部停于进站信号机外方时,应通知后方站扣车。
③有车线接车时应使用调车手信号。
④车辆段、停车场内进行的有车线接车作业,完成后无须向行车调度员报告。

2. 开放引导信号接发车

在排列进路时,当不能正常开放信号时,需开放引导信号。在开放引导信号接发车时,须遵循以下规定。

(1)需开放引导信号时,如该进路的监控区段出现红光带或粉红光带,车站应立刻派人到现场检查(如有杂物侵限,立即清除),确认无杂物侵限后,开放引导信号。
(2)开放引导信号发车,当列车占用起始信号机之前的轨道电路时,在 LOW 工作站上操作"开放引导"命令,进路防护信号机开放引导信号后,列车要在 60 s 内进入该进路。
(3)列车在关闭状态的进路防护信号机前停车后,方可开放引导信号,具体操作如下。
①司机应立即用无线电话向行车调度员(车站值班员)呼叫"××次在××信号机前停车"。

②行车调度员(车站值班员)听到司机"××在××信号机前停车"的呼叫后,立即通知车站开放引导信号,并确认引导信号开放好后,用无线电台应答司机"××信号机引导信号开放好"。

③司机听取"××信号机引导信号开放好"的应答并复诵,确认引导信号开放好后,按规定速度立即动车。

任务5　列车过轨作业

任务目标

掌握列车过轨作业的办理程序。

学习内容

列车通过两条独立运营线间的联络线时,由一条运营线运行至另一条运营线的运行作业,称为列车过轨作业,如图9.7所示。

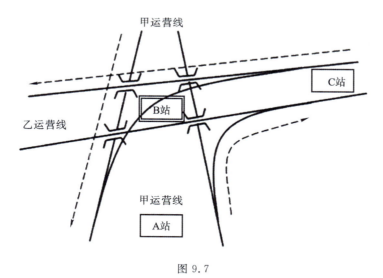

图9.7

在图9.7中,列车由甲运营线的A站运行至乙运营线的C站,作业办理程序如表9.1所示。

表 9.1　A 站至 C 站列车过轨作业办理程序

作业序号	A 站	B 站	C 站
1	接受列车过轨的调度命令		
2	依据调度命令接收控制权		
3	核对列车运行计划及列车运行方向		
4	关闭相关出站信号机	关闭本站影响过轨作业的相关出站信号机,或通知邻站关闭相关出站信号机进行防护	
5	确认发车区间空闲后,向 B 站请求闭塞		
6		在接到 A 站闭塞请求后,确认联络线区间空闲,并向 C 站请求闭塞	
7			接到 B 站闭塞请求后,确认接车区间、接车线路空闲,办理接车进路
8			接车进路办理妥当后,向 B 站发出闭塞承认号码及时分
9		接到 C 站闭塞承认后,办理接车进路	
10		接车进路办理妥当后,向 A 站发出闭塞承认号码及时分	
11	接到 B 站闭塞承认后,办理发车进路		
12	确认有关命令、凭证已交递司机,符合发车条件后,开放相关出站信号机		
13	列车出发后向 B 站通报发车车次及时分		
14		接到 A 站通报的发车车次及时分后,向 C 站通报	
15			接到 B 站通报的发车车次及时分后,填写行车日志

续表

作业序号	A 站	B 站	C 站
16			列车整列到达后,向 B 站发出本次列车的闭塞解除时分
17		接到 C 站发出的闭塞解除时分后,向 A 站发出本次列车的闭塞解除时分	
18	接到 B 站发出的闭塞解除时分后,填写行车日志,本次列车过轨作业完毕		
19		开放本站相关出站信号机,或通知邻站开放相关出站信号机	

在图 9.7 中,列车由乙运营线的 C 站运行至甲运营线的 A 站,作业办理程序如表 9.2 所示。

表 9.2　C 站至 A 站列车过轨作业办理程序

作业序号	A 站	B 站	C 站
1	接受列车过轨的调度命令		
2	依据调度命令接收控制权		
3	核对列车运行计划及列车运行方向		
4	关闭本站影响过轨作业的相关出站信号机,或通知邻站关闭相关出站信号机进行防护		关闭相关出站信号机
5			确认发车区间空闲后,向 B 站请求闭塞
6		接到 C 站闭塞请求后,确认联络线区间空闲,并向 A 站请求闭塞	
7	接到 B 站闭塞请求后,确认接车区间、接车线路空闲,办理接车进路		

续表

作业序号	A 站	B 站	C 站
8	接车进路办理妥当后,向 B 站发出闭塞承认号码及时分		
9		接到 A 站闭塞承认后,办理接车进路	
10		接车进路办理妥当后,向 C 站发出闭塞承认号码及时分	
11			接到 B 站闭塞承认后,办理发车进路
12			确认有关命令、凭证已交递司机,符合发车条件后,开放相关出站信号机
13			列车出发后向 B 站通报发车车次及时分
14		接到 C 站通报的发车车次及时分后向 A 站通报	
15	接到 B 站通报的发车车次及时分后,填写行车日志		
16	列车整列到达后,向 B 站发出本次列车的闭塞解除时分		
17		得到 A 站发出的闭塞解除时分后,向 C 站发出本次列车的闭塞解除时分	
18			得到 B 站发出的闭塞解除时分后,填写行车日志,本次列车过轨作业完毕
19	开放本站相关出站信号机,或通知邻站开放相关出站信号机		

小贴士

办理列车过轨作业的相关注意事项如下。

(1)各车站在办理电话闭塞手续过程中发出的闭塞承认号码,均为本站的电话闭塞编码。

(2)对于过轨列车的闭塞解除时分,以接车站发出的时刻为准,B站应将该时分原文转达给发车站。

(3)B站在未得到接车站的闭塞承认时,不得承认发车站闭塞。

(4)接发车进路的排列均由该进路所属车站或设备集中站办理。

(5)办理过轨作业过程中,相关车站出站信号机的关闭/开放作业由该信号机所属车站办理,若车站没有关闭本站出站信号机的功能,则要及时与所属设备集中站联系,由设备集中站办理出站信号机的关闭/开放作业。

(6)过轨运行的各次列车,不实行电话闭塞解除法,过轨时均以电话闭塞编码作为承认闭塞的依据。

知识拓展

一、设备故障应急预案

1.列车制动不缓解事故应急预案

1)关键指引

(1)操作停放制动开关。

(2)重新激活司机控制器。

(3)检查相应空开。

(4)强制缓解停放制动。

2)处理程序

列车制动不缓解事故处理程序如表9.4所示。

表9.4 列车制动不缓解事故处理程序

项目	负责人员	行　　动
发现与报告	列车司机	在检车库内或正线车站,司机发现全列车或单节停放制动不缓解,及时报告行车调度员或车场调度员
	行车调度员	按规定的报告程序进行汇报
	线路值班主任	马上报告总调度长; 通报邻线线路值班主任

续表

项目	负责人员	行动
发现与报告	总调度长	启动应急预案； 执行报告制度，指挥监督预案实施
	资讯助理	按《运营突发事件报告流程》规定进行报告； 及时向安全保卫部报告
应急处理	总调度长	根据公司应急救援指挥部负责人的指示发布命令； 及时了解现场情况，随时向上级领导汇报
	线路值班主任	协调各单位进行救援工作； 根据实际情况制定列车运行调整方案
	资讯助理	根据情况发布相应的乘客信息系统（passenger information system，PIS）和微博信息
	行车调度员	立刻向线路值班主任报告，通知相关部门； 立刻扣停后续列车，已进入区间的后续列车立刻令其停车； 确认故障能否处理，能处理时立刻命令司机处理故障。 司机回复经处理能够运行至前方站或者能安全运行至终点站时，应请示线路值班主任和总调度长，经同意后，司机加强监控运行至前方站或者终点站，组织备用车顶替运行。 司机回复经处理不能继续运行时，若列车在车站，则立刻清客；若列车在区间，则通知环控调度员开启区间送风模式。 根据司机确定区间救援的要求，发布封锁区间和开行救援列车的调度命令： 组织后续列车救援； 通告全线运营受阻，在有条件的区段组织小交路运行； 恢复后通知全线并调整列车运行次序
	列车司机	司机先检查列车是否激活主控，检查主风压力是否小于450 kPa，若正常，则重新缓解一次； 如果是整列车无法缓解，司机检查"制动控制""间机室控制"开关是否跳闸，若跳闸则复位，若未跳闸则申请换端缓解，若无效则申请救援； 如果是单节车无法缓解，司机到相应车复位"制动控制1、制动控制2"空开，若无效，司机施加停放制动，降弓、切除该节车BC阀，到车下手动强缓后上车升弓，缓解其余车停放制动，维持列车进站清客掉线，如果列车在车站时则在当前站清客掉线

2. 屏蔽门故障应急预案

1) 关键指引

开关屏蔽门优先级排序（由低至高）为系统级控制（屏蔽门与信号连锁控制）、站台级控制

（PSL 控制）、就地级控制（屏蔽门专用钥匙手动操作）。

2）处理程序

屏蔽门故障处理程序如表 9.5 所示。

表 9.5 屏蔽门故障处理程序

项目	负责人员	行　　动
发现与报告	列车司机	报告行车调度员
	行车调度员	接报后，向客运公司机电部生产调度室报修设备故障，同时通知车站值班员做应急处理
	客运公司机电部生产调度室	接报后，通知维修班组人员前往故障现场； 通知专业技术人员前往现场支援； 向部门领导汇报故障情况
应急处理	车站人员	屏蔽门故障致使列车无法正常停车对位时，车站值班员向行车调度员请示是否使用 IBP 盘"互锁解除"功能； 当列车部分车门与屏蔽门对位时，车站人员用专用钥匙开启屏蔽门的滑动门供乘客上下，同时做好乘客安抚工作，并及时向行车调度员报告； 当列车部分车门与屏蔽门未对位时，车站人员用专用钥匙开启屏蔽门的应急门供乘客上下，同时做好乘客安抚工作，并及时报告行车调度员； 做好广播安抚乘客工作； 做好安全措施防范和乘客的疏导工作
	列车司机	列车到站由于特殊原因未能使车门与屏蔽门准确对位时，配合车站人员开启屏蔽门的应急门供乘客上下，并及时报告行车调度员； 屏蔽门故障致使列车无法正常停位时，向行车调度员指示是否切除信号联锁
	客运公司机电部维修人员	根据现场情况立即制定应急处理方案和抢修方案； 对损坏设备进行修理和更换； 负责清理现场
处理完毕	列车司机	协助故障调查
	客运公司机电部维修人员	对抢修后的设备状态进行分析总结； 恢复设备运行； 负责清理现场
	车站人员	配合客运公司机电部维修人员清理现场

3.列车脱轨、颠覆事故应急预案

1)关键指引

(1)处理正线列车脱轨、颠覆事故的重要原则是及时疏散列车上的乘客。

(2)及时扣停后续列车,封锁发生事故的区间,避免事故扩大。

(3)正线及车场内发生列车脱轨、颠覆事故后,须立即报告集团公司主管领导、分管运营领导及各运营公司领导。

(4)迅速起复脱轨、颠覆车辆,恢复线路正常运营,尽可能减少事故对运营的影响。

2)处理程序

列车脱轨、颠覆事故处理程序如表9.6所示。

表9.6 列车脱轨、颠覆事故处理程序

项目	负责人员	行动
发现与报告	列车司机	发生列车脱轨、颠覆事故后,立即紧急停车,报告行车调度员,请求救援; 广播安抚乘客,组织乘客自救、互救; 停车后检查确认列车脱轨、颠覆状况,将情况如实报告行车调度员或车场调度员; 向应急处理负责人报告事故现场情况
发现与报告	车站值班员	发现列车发生脱轨、颠覆事故后,立即报告行车调度员; 报告值班站长,通知各岗位做好步行疏散救援准备工作
发现与报告	行车调度员	了解列车次、车组号,列车脱轨、颠覆事故概况; 报告线路值班主任、环控调度员等,并通知资讯助理,通知相关生产调度室
发现与报告	线路值班主任	马上报告总调度长; 通报邻线线路值班主任
发现与报告	总调度长	启动应急预案; 执行报告制度,指挥监督预案实施
发现与报告	资讯助理	按《运营突发事件报告流程》规定进行报告; 及时报告公安轨道支队、119火警中心、120急救中心
事故处理、列车运行调整	总调度长	根据公司应急救援指挥部负责人的指示发布命令; 及时了解现场情况,随时向上级领导汇报
事故处理、列车运行调整	线路值班主任	协调各单位进行救援工作; 根据实际情况制定列车运行调整方案
事故处理、列车运行调整	资讯助理	根据情况发布相应的PIS和微博信息

续表

项目	负责人员	行动
事故处理、列车运行调整	行车调度员	扣停后续列车,对已进入事故区间的列车,命令其退回后方车站; 封锁发生事故的区间,若事故影响邻线列车运行,则一并封锁; 命令电力调度员对发生事故区段的接触网紧急停电; 按《区间乘客步行疏散预案》疏散乘客; 及时发布开行救援列车的命令; 安排救援列车(内燃机车)将发生脱轨、颠覆事故的列车,牵引(或推进)运行到就近车站存车线或车辆段,安排备用车出段顶替; 在具备运行条件的区段,组织列车小交路运行,调整列车运行秩序; 配合现场事故处理,做好脱轨、颠覆列车的救援起复工作; 起复后,确认接地线拆除和线路出清后,通知电力调度员送电
	电力调度员	按行车调度员命令紧急停电
	环控调度员	根据事故现场情况,开启相应的通风模式; 检查、监视通风情况
	值班站长	担任应急处理临时负责人,按《区间乘客步行疏散预案》疏散乘客,抢救事故列车上的受伤乘客; 应急处理领导小组到场后,向其汇报有关情况,协助其工作
	车站值班员	立即按压自动售检票系统紧急按钮,打开全部进出站闸机,立即封站; 通知车站人员、保安,按预案规定到各自岗位维持秩序、疏散乘客; 通过CCTV观察站台情况,保持与行车调度员的联系,随时报告处理进度
	列车司机	待车站救援人员到达后,疏散乘客; 配合事故救援队起复脱轨、颠覆列车
	工建、机电、通号人员	检查线路、道岔、供电、机电和通信、信号设施设备,及时抢修受损设施设备
	应急处理领导小组	接到报告后,立即赶赴现场确定起复救援方案; 负责指挥各单位进行救援抢险工作; 事故救援完毕,确定具备送电和行车条件后,向总调度长下达送电和恢复正常运营命令

二、突发事件应急预案

以地下车站的火灾应急预案为例。

1)关键指引

(1)处理地下车站火灾事件的原则是及时疏散乘客,扑灭初期火灾。

(2)及时报告公安轨道支队、119火警中心、120急救中心等。
(3)环控调度员执行相应的环控火灾工况控制模式。
(4)行车调度员及时拦停有关列车,根据实际情况调整列车运行。

2)处理程序

地下车站火灾事件处理程序如表9.7所示。

表9.7 地下车站火灾事件处理程序

项目	负责人员	行 动
发现与报告	车站人员（含安检、保安、保洁等）	发现站厅、站台及通道发生火情时,立即向车站值班员报告,并进行先期处置
	列车司机	发现车站站台发生火情,立即报告行车调度员
	车站值班员	立即派人到现场确认火灾地点、火势大小和伤亡等情况,向值班站长报告; 通过火灾自动报警系统发现车站发生火灾时,立即派人到现场确认,确认后立即向环控调度员和行车调度员报告; 及时向安全保卫部、公安轨道支队、119火警中心、120急救中心报告; 向涉及的接口单位通报火灾信息
	行车调度员	接到车站值班员关于车站发生火灾事件的报告后,立即向线路值班主任、环控调度员报告,并通知相关生产调度室
	环控调度员	通过综合监控系统发现地下车站发生火灾时,立即命令车站值班员派人到现场确认; 立即向环控工程师、线路值班主任报告车站发生火灾; 通知客运公司机电部生产调度室
	环控工程师	立即向室主任报告地下车站火灾情况; 负责提供技术支持,协助环控调度员处置
	线路值班主任	接到报告后,立即向总调度长报告; 通报邻线线路值班主任
	总调度长	立即启动地下车站火灾应急预案; 执行报告制度,指挥监督预案实施
	资讯助理	按《运营突发事件报告流程》规定进行报告

续表

项目	负责人员	行　动
灭火疏散、列车运行调整	总调度长	根据公司应急救援指挥部负责人的指示发布命令； 及时了解现场情况，随时向上级领导汇报
	线路值班主任	协调各单位进行救援工作； 根据实际情况制定列车运行调整方案
	资讯助理	根据情况发布相应的 PIS 和微博信息
	行车调度员	命令在站的上下行列车立即开车； 拦停开往本站的上下行列车，来不及拦停时，应命令列车立即停车并退回后方站，若后方站有车占用时，命令列车不停车通过本站； 扣停后续列车； 向全线发布运营受阻信息，在具备运行条件的区段，组织列车小交路运行，调整列车运行秩序
	环控调度员	环控工程师审核处置方案，经总调度长批准同意后，由环控调度员开启相应的火灾工况控制模式； 若中央级控制无法操作时，及时下放站控； 若气体灭火保护房着火，车站人员确认房间无人并关好门窗，启动气体灭火系统进行灭火，喷气完毕 10 min 后，环控调度员先开启排气模式，再通知车站人员到现场确认灭火情况； 确认火灾工况控制模式正确运行，随时与事故车站保持联系，及时掌握现场情况； 检查、监视通风情况，并随时向环控工程师和线路值班主任报告
	值班站长	启动应急预案，自动担当现场处理负责人； 负责组织封站，疏散乘客，扑灭初期火灾； 协助医务人员抢救伤员，组织乘客自救、互救
	车站值班员	收到值班站长封站的命令后，立即向行车调度员报告； 立即按下 AFC 紧急按钮，打开全部进出站闸机； 立即对车站所有区域（公共区、设备区等）进行广播，通知人员疏散； 如果中央级无法操作，环控调度员下放站控后，由车站值班员在车站级操作，操作失败后在 IBP 盘上操作； 若联动切除非消防电源失败，得到环控调度员命令后在 FAS 主机上手动操作切除非消防电源； 通过 CCTV 观察车站情况，保持与行车调度员和环控调度员联系，随时报告处理进度

续表

项目	负责人员	行　动
灭火疏散、列车运行调整	列车司机	按行车调度员命令退回后方站； 如进站时发现车站站台发生火灾，按调度命令不停车通过发生火灾的车站； 在车站的上下行列车立即动车开往前方站； 广播安抚乘客； 线上所有列车司机接到行车调度命令后，通过广播向乘客进行通报，引导前往该站的乘客换乘其他交通工具
	车站人员 （含安检、保安、保洁等）	启动应急预案，立即封站，到进站口阻止乘客进站，引导公安、消防、医务人员进站； 做好防护后，负责维持车站疏散秩序，做好解释工作； 锁闭钱箱、票亭，保护票款安全； 随时向值班站长报告各自区域情况； 协助医务人员抢救伤员，组织乘客自救、互救
	中心站站长	指导值班站长现场处置； 立即赶赴现场； 调集中心站范围内的人员及物资进行支援
	应急处理 领导小组	应急处理领导小组到车站后，接替值班站长或中心站站长担当应急处理负责人； 指挥各单位员工配合医务人员抢救伤员； 根据公安轨道支队可以恢复运营的通知，通知总调度长恢复运营

三、人为事故应急预案（行车调度员调整列车运行方式的应急预案）

以载客列车反方向运行应急预案为例。

1. 关键指引

（1）启用此方案前，应征得网络运行公司总控部部长及以上领导同意后实施。

（2）通知双线变单线的各车站应加强乘客广播及站台乘客的组织工作，避免乘客上错列车。

（3）使用此方案可减少停运区段，但线路通过能力大大降低，因此，要及时合理地调整运行交路，避免列车在单线区段拥堵。

（4）列车反方向运行时，只许调度集中系统（centralized traffic control，CTC）模式下的一列列车进反方向运行区间，并及时在反方向区段上行、下行两端扣停其余列车。

（5）行车调度员应加强 ATS 监控，反方向运行列车的进路由行车调度员人工办理。如人工不能办理时，由车站值班员根据行车调度员命令办理。

2. 处理程序

载客列车反方向运行处理程序如表9.8所示。

表 9.8　载客列车反方向运行处理程序

项目	负责人员	行　动
发现与报告	列车司机	发现线路、设备等不具备行车条件后,立即停车; 报告行车调度员故障地点的准确位置
	车站人员	发现车站区域内不具备行车条件后,立即按压紧急停车按钮; 报告行车调度员; 通知本站员工做好应急处置工作
	电力调度员	发现接触网失电后立即通知行车调度员
	行车调度员	接到报告后,马上向线路值班主任报告; 扣停相关列车; 调整列车运行交路
	线路值班主任	接到报告后,立即向总调度长报告; 通报邻线线路值班主任
	总调度长	启动应急预案; 执行报告制度,指挥监督预案实施
	资讯助理	按《运营突发事件报告流程》规定进行报告; 根据影响情况发布相应的 PIS 和微博信息
	总调度长	根据公司应急救援指挥部负责人的通知宣布应急处理完毕,及时恢复正常行车
	线路值班主任	立即报告总调度长; 通报邻线线路值班主任
	行车调度员	查明故障现象,通知相关单位处理; 选择合理的反方向运行区域,扣停正向运行列车; 信号系统正常时,反方向载客列车的进路由行车调度员通过 ATS 系统排列,开通整个反方向运行区段。以反方向运行区域的起始站为一个闭塞区间; 及时告知车站及列车闭塞,列车运行交路; 正反方向运行的列车在共用区段交替发车
	电力调度员	通知相关部门对失电区域接触网进行抢修
	列车司机	根据行车调度员命令和信号显示行车
	车站人员	利用车站广播,发布列车运行信息; 根据行车调度员的通知,了解列车运行方向,合理组织客运工作

思政元素

在地铁交通运营中,列车过轨作业是保障地铁运输安全和时间效率的重要环节。在运营过程中,各个部门要相互合作、密切配合,确保车辆的安全流转和高效运行。

在某次列车过轨作业中,一列地铁车辆在过轨过程中发生故障,停止运行。此时,事发现场人员第一时间赶到,维修车辆。同时,为了保障行车安全,相关人员在列车前后设立隔离带,并通过广播、标识等方式提示乘客注意安全等问题。

在紧急情况下,地铁工作人员紧密协作、快速处置,最终实现了对该列车的成功过轨并及时恢复行车。这次过轨作业再一次体现了地铁企业在确保行车安全、提高工作效率和服务满意度方面的进步,也展现了团结合作、勇于担当的精神风貌。

在处理突发状况和保障地铁行车安全时,各方面人员都需要密切合作,有效沟通,迅速行动采取应对措施,共同保障交通行业的良好秩序,维护公共交通生态的健康发展。

想一想

1. 简述开行救援列车需要向行车调度员报告的内容。
2. 简述列车由车站退行到区间的退行作业办理程序。
3. 简述列车过轨作业的作业程序。
4. 什么是救援列车?
5. 开行救援列车前,行车值班员应该向行车调度员汇报哪些内容?

练一练

假如某列车发生火灾,请写出应急作业预案。

项目十 行车事故分类与调查处理

项目描述

城市轨道交通具有运量大、速度快、环境舒适等特点。虽然城市轨道交通在规划和设计中都考虑采用先进的技术设备,但由于存在不可控的人为因素,往往可能会导致事故的发生,一旦发生事故,后果将非常严重。因此,加强城市轨道交通安全管理,抓好事故预防和应急事件处理是城市轨道交通安全管理的重点工作,需要应用各种理论方法,并通过建章立制和监督考核来持续保证。

本项目介绍了两方面的内容,一是行车事故处理分类,二是行车事故调查处理。

学习目标

(1)了解行车事故分类、通报与调查处理方法。
(2)掌握行车事故的现场应急处置方法。

素质目标

(1)培养严谨的事故分析能力。
(2)培养遵从调查程序,严谨的证据采集能力。
(3)培养独立分析与判断行车事故的能力。
(4)树立安全意识,做到安全优先。

能力目标

(1)能够叙述行车事故处理原则,分析产生行车事故的原因。
(2)能够叙述行车事故通报的流程及通报内容。

任务 1　行车事故处理准则和分类

任务目标

(1) 了解行车事故处理规则。
(2) 掌握行车事故调查处理原则。
(3) 掌握行车事故的分类。

学习内容

凡在行车工作中,因违反规章制度、违反劳动纪律或因技术设备不良及其他原因造成人员伤亡、设备损坏、影响正常行车或危及行车安全的,均构成行车事故。

1. 行车事故处理规则

(1) 发生事故时,首要确保乘客及有关人员的安全。
(2) 发生事故时,要积极采取措施,迅速抢救,尽快恢复运营,尽量减少损失。
(3) 有关人员应尽力判明事故对行车服务的影响,以提高处理事故的效率。
(4) 控制中心必须按照"先通后复"原则组织指挥事故处理。
(5) 发现或确认事故后,必须确保信息畅通,并立即报告有关人员。

2. 行车事故调查处理原则

1)"四不放过"原则

"四不放过"即事故原因不查清不放过,事故责任者得不到处理不放过,整改措施不落实不放过,事故教训不吸取不放过。必须查出原因,分清责任,吸取教训,制定措施,防止同类事故再次发生。

2)"先通后复"原则

发生紧急事故时,要积极采取措施,迅速抢救,尽快恢复运营,尽量减少损失。

3) 事故类别判定原则

根据事故责任、事故性质、经济损失、延误列车运行时间及造成的不良影响进行综合判定。

4) 以事实为依据原则

处理事故要以事实为依据,以有关法规、规章为准绳,认真调查分析,查明原因,分清责任,吸取教训,制定对策。对事故责任者,应根据事故性质和情节,予以批评教育,经处罚、行政处分直至追究法律责任。事故性质、情节严重的,要按有关规定逐级追究领导责任。对事故分析处理拖延、推脱责任、姑息纵容、隐瞒不报或不如实反映事故情况者,应以严肃批评教育或纪律处分。

3. 行车事故的分类

事故一旦发生,可能会产生人员伤亡、财产损失、中断行车、延误列车等影响正常行车、危及行车安全的后果,这些可能的后果也是城市轨道交通行车事故判定标准的主要依据。由于目前我国城市轨道交通系统还没有统一的行车事故分类标准,不同的城市轨道交通系统可根据各自的运营实践制定不同的事故等级标准。以部分城市轨道交通系统为例,行车事故分类示例如下。

根据事故损失及影响,行车事故分为特别重大事故、重大事故、大事故、险性事故、一般事故。根据事故性质,行车事故分为责任事故和非责任事故。

1)特别重大事故

列车发生冲突、脱轨、火灾、爆炸,或由于技术设备、其他临时设备破损或工程车货物装载不良,造成下列后果之一的均为特别重大事故。

①人员死亡50人及以上。

②直接经济损失1000万元及以上。

2)重大事故

列车发生冲突、脱轨、火灾、爆炸,或由于技术设备、其他临时设备破损或工程车货物装载不良,造成下列后果之一的均为重大事故。

①人员死亡3人及以上。

②人员死亡或重伤5人及以上。

③直接经济损失500万元及以上,不足1000万元。

3)大事故

列车发生冲突、脱轨、火灾、爆炸,或由于技术设备、其他临时设备破损或工程车货物装载不良,造成下列后果之一的均为大事故。

①人员死亡1人及以上,不足3人。

②人员重伤3人及以上,不足5人。

③电客车、内燃机车或轨道车损坏1辆。

④直接经济损失200万元及以上。

4)险性事故

险性事故有下列情形之一,但损害后果不够重大、大事故的为险性事故。

①人员重伤 1 人及以上,不足 3 人。
②人员轻伤 3 人及以上。
③直接经济损失 100 万元及以上。
④客运列车冲突,造成严重不良后果。
⑤客运列车脱轨。
⑥客运列车分离。
⑦客运列车开车夹带人。
⑧在实行站间行车法等人工组织行车办法时,未办或错办手续发车,造成严重不良后果。
⑨机车、车辆溜入区间或站内,造成严重不良后果。
⑩未拿或错拿行车凭证发车,造成严重不良后果。

5) 一般事故

有下列情形之一,但损害后果不够重大、大事故及险性事故的为一般事故。
①客运列车冲突。
②调车脱轨。
③调车冲突,导致车辆不能继续运行。
④列车挤岔,造成设备损坏,延误正线行车运行超过 60 min。
⑤因线桥、供电、信号、通信、车辆等设备、设施故障或技术不良中断正线行车,无法采取替代措施或降级使用,影响上行线、下行线路之一运营超过 60 min。
⑥因施工原因影响正线行车,导致上行线、下行线路之一中断运营超过 60 min。
⑦客运列车在应停车站通过。
⑧客运列车运行途中开门、车未停稳开门、在非站台侧错开车门有乘客落入路轨。
⑨因行车有关人员违反劳动纪律、规章制度、作业程序,造成客运列车延误 30 min 以上。

6) 事故苗子

部分城市轨道交通系统,根据运营实践还制定了事故苗子的认定范围,以加强作业人员对规章制度的严格执行,规范安全作业行为,从制度上加以约束。发生了事故苗子的行为也要认真分析,严格处理。

因下列行为之一,对列车安全、正点运行构成影响,但未造成事故后果及影响的意外事件,统称事故苗子。
①向占用区间和封锁区间错误发出列车。
②未准备好进路接车。
③向占用线接入列车。
④客运列车错开车门。
⑤列车冒进信号。

⑥因行车有关人员违反劳动纪律漏乘、出务延迟耽误列车运行，造成客运列车 3 min 以上晚点。

⑦错误办理行车凭证耽误列车运行，造成客运列车 3 min 以上晚点。

⑧漏发、漏传、错发、错传调度命令耽误列车运行，造成客运列车 3 min 以上晚点。

⑨因列车或其他设备、设施故障或技术不良，造成客运列车 3 min 以上晚点。

⑩其他对列车安全、正点运行构成影响的意外事件。

思政元素

2020 年 6 月，西安地铁某次列车发生客室车门未关闭事件，造成 1 人受伤。有关部门立即启动应急预案，迅速派出救护车和抢修队伍前往现场进行处置。同时，在保证现场安全的情况下，对列车进行了全面检查，并对造成事故的原因进行了分析和总结。在事故处理过程中，地铁企业还实时发布了事故信息，及时向社会公布有关情况，为推进社会化治理、保障公众安全和维护社会稳定树立了好榜样。

此次事件表明，及时妥善处理地铁行车事故，必须积极响应、高效协作、科学处理。要坚持公开透明的原则，及时告知事故情况，有效应对舆论等考验。同时，在事故处置之后，还需要全面总结，认真分析事故原因，采取有效的措施，避免类似的事故再次发生，进一步完善地铁企业的安全管理体系。

任务 2　行车事故的调查处理

任务目标

（1）掌握行车事故报告程序。

（2）掌握事故报告的主要内容。

（3）掌握事故的调查处理方法。

学习内容

城市轨道交通的安全运营是运营组织工作的基本原则和首要目标。列车驾驶员必须严格按照有关规定行车，不得违规操作，防止事故发生。一旦不可避免地发生了事故，应及时准确地做好事故通报工作及现场应急处置工作，减少事故带来的损失。

1. 行车事故报告程序

在区间发生行车事故时，由列车驾驶员立即报告行车调度员，无法和行车调度员联系时，可报告就近车站的行车值班员，由行车值班员转报行车调度员；在车站内或车厂内发行车事故时，由车站行车值班员或车厂调度员报告行车调度员；其他目击人员可以通过列车工作人员向行车调度员报告。

行车调度员接到事故报告后，应立即汇报给上级主管部门，并积极组织救援。按照"先通后复"的原则组织指挥事故处理，尽快恢复正常行车。应及时填写"行车事故概况"，向相关部门报告。

发生人员伤亡、火灾、爆炸、毒气袭击等事故，需要报告119火警、120急救中心或公安派出所时，由值班站长、事故现场目击者在第一时间报告；列车驾驶员则立即报告控制中心，由控制中心立即报告119火警、120急救中心或公安派出所等外部救援单位。

2. 事故报告的主要内容

(1) 发生时间（月、日、时、分）。
(2) 发生地点（区间、百米标和上下行正线）。
(3) 列车车次、车组号、关系人员姓名、职务。
(4) 事故概况及原因。
(5) 人员伤亡情况及车辆、线路等轨道设备损坏情况。
(6) 是否需要救援。
(7) 是否影响邻线运行。
(8) 其他必须说明的内容及要求。

在紧急情况下，特别是发生较大的事故时，由于现场情况和环境情况比较复杂、混乱，现场情况可能一时难以全部讲清，此时可先报告上述部分内容，但必须报清事故发生的位置、事故概况、是否需要立即救援帮助等，以利于行车安全管理部门和领导决策。

必须进行现场事故抢救和救援时，由行车调度员及时通知各相关部门进行。各相关部门应按行车调度员及上级有关领导的指示做好准备，及时出动开展救援工作。

3. 事故的调查处理

1) 行车事故现场处置

在事故报告完成后，有关人员要迅速进行事故现场的处置。在专业人员及救援人员到达事故现场前，若事故发生在区间，由驾驶员负责；若事故发生在车站或车辆段，由值班站长（行车值班员）或车辆段调度员负责。其任务是负责指挥抢救伤员、引导乘客自救、组织疏散及安抚乘客等工作，并保护现场、查找证人、做好记录、保存可疑物证，等待进一步救援。在有关救援人员到达后,由事故现场的负责人或委任相关专业人员指挥救援,处理善后工作。

在险性事故和一般事故发生后,驾驶员必须立即报告,并且等待行车调度员的进一步指示,按要求执行,不得擅自移动列车。如需事故救援,驾驶员应按规定请求救援,并在救援人员和设备到达现场前负责列车安全、乘客安全等工作。在救援人员到达后向现场指挥人员汇报情况,并按行车调度员或救援指挥人员的命令执行。

2）事故调查、分析

特别重大事故、重大事故、大事故发生后,应成立专门的事故处理调查小组,负责事故的调查、处置、协调、善后、分析等各项工作,包括现场摄像、录像及绘制现场草图、检测设备、收集物证、询问人证、调查记录现场情况等工作。

险性事故和一般事故发生后,如涉及两个以上直属单位时,由城市轨道交通企业负责在规定时间内将事故调查报告上报,并提出防范措施。责任单位无异议的险性事故由险性事故责任单位组织调查分析,明确原因并对责任者提出处理意见,制定防范措施。对涉及一个单位的一般事故,由责任单位调查分析,找出原因,明确责任,并对责任者进行处理,提出防范措施。

值乘驾驶员和事故有关人员要积极配合,如实报告情况,以便分析事故真正原因,明确事故责任,制定防范措施。事故有关人员均不得隐瞒事实,对推脱责任、拖延调查、隐瞒真相的个人与单位部门,经查实予以从重处理。

对事故涉及城市轨道交通以外单位的调查,由城市轨道交通企业事故调查处理小组与相关单位协调处理,必要时提请司法部门裁决处理,凡行车事故涉及刑事责任的调查处理由公安部门负责,事故有关单位、个人协助配合调查工作。

思政元素

地铁列车行车事故是现代城市交通运输中比较常见的事故类型。在处理这类事故时,要迅速反应、科学分析、依法处置,以确保事故的处理公正公平和合法合规。

某地铁公司在运营中出现了一起列车行车事故,造成人员伤亡和财产损失。在事故发生后,相关部门立即启动了应急预案,调动了抢修和救援队伍前往现场进行处理。同时,还及时通知当地公安部门、安监部门和医疗机构,制定出了科学合理的处理方案,迅速恢复了列车运营。

在事故处理过程中,地铁公司还积极协助公安机关开展事故调查,提供有力配合,尽快查明事故的具体原因,对相关责任人进行了严肃的处理和追责。

该事件说明,在地铁列车行车事故处理中,必须坚持快速反应、科学处理、依法处置的原则,同时要有应急预案,及时报告、及时通知、及时处理,最大限度地减少人员伤亡和财产损失,避免事态扩大、影响恶化。同时,在事故处理过程中需要秉持公开透明、严肃处理的原则,充分发扬勇于担当团队精神,保障社会公众的知情权、参与权、表达权。

1. 简述行车事故处理规则。
2. 简述行车事故调查处理原则。
3. 行车事故有哪些分类?
4. 简述行车事故报告程序。
5. 简述行车事故报告的主要内容。
6. 简述行车事故的调查处理流程。

自举一例行车事故,并写出行车事故报告。

项目十一　施工作业及工程列车开行

项目描述

施工作业是城市轨道交通运营的一部分。本项目主要介绍城市轨道交通施工作业认知、城市轨道交通施工计划编写与申报、城市轨道交通施工组织各环节及培训、工程列车开行原则及规定等内容。

学习目标

(1) 掌握施工作业相关基础知识。

(2) 掌握施工计划的分类、申报程序及编制。

(3) 掌握施工进场、安全管理及时间安排。

(4) 掌握施工作业、施工组织各环节时间要求及培训。

(5) 掌握工程列车开行原则及规定。

素质目标

(1) 培养正确作业、准确作业的工作态度和意识。

(2) 培养"执着专注、精益求精、一丝不苟"的工匠精神。

(3) 树立正确的时间观念。

能力目标

(1) 提升施工作业计划的制定能力。

(2) 提升工程列车开行条件的认知能力。

任务 1 施工作业基础知识

任务目标

(1) 了解施工作业组织与分工。
(2) 了解施工计划运行流程。

学习内容

施工领导人指负责在主站办理进场作业登记和该项作业的组织、安全和管理的人员。

施工负责人指同一施工项目多个作业点进行，该施工项目除配备施工领导人外，各点（辅站）的施工需配备施工负责人，施工负责人在辅站办理施工进场作业登记，负责该作业点施工的组织、安全和管理。

影响行车的施工指进行该项施工作业时，如果当天或次日线路上有电客车、工程车运行，安全会受其影响，或施工作业时会影响相关行车设备应用。

主站指施工领导人持作业令到某个车站登记请点施工的车站（如果同一施工项目多站进行，其作业区含联锁站时，原则上联锁站为主站）。

辅站指一条线路或多条线路同一施工项目多站进行时，施工负责人到其作业区域包含的各站（除主站外），登记请点的车站。同一施工项目安排主站和辅站原则上不超过6个。

进场作业令指在所辖范围内允许进场进行施工的一种凭证。

施工区域出清指在施工区域范围内施工结束后，施工领导人或施工负责人确认所有作业人员已撤离，有关设备、设施已恢复正常，工器具、物料已撤走等。

影响客运的施工指进行该项施工作业时，车站的客运服务设备设施功能降低、影响客流组织、服务质量。

擅自取消施工作业指在作业开始前2 h未向指挥中心或主办部门、配合部门提出取消，又未按安排时间进行作业（更换施工领导人应在作业开始前6 h向指挥中心报告，否则按擅自取消施工处理）。

轨行区是指土建施工单位完成结构施工并移交给轨道施工单位进场后，轨道的车辆（设备）限界范围内均为轨行区。区间及距车站站台边缘1.0 m范围内，正线、车场线、辅助线包括与运营线路相通的区间出入口、隧道、线路必须遵守本管理办法。

1. 施工计划协调管理组

1）施工计划协调领导小组

组长：运营分公司副经理。

成员：指挥中心主任、客运中心主任、设备中心主任、车辆中心主任、技术部部长、安全监察部部长、票务中心主任、综合部部长、企业计划管理部部长、财务部部长、物资部部长。

2）施工管理工作组

组长：指挥中心主任。

成员：指挥中心值班主任、车辆中心副主任、车辆中心安全与技术部部长、车辆中心乘务部部长、车辆中心检修部部长、客运中心副主任、客运中心客运服务部部长、客运中心行车安全部部长、设备中心副主任、设备中心安全与技术部部长、设备中心机电部部长、设备中心供电部部长、设备中心工务部部长、设备中心通号部部长、票务中心AFC部部长、指挥中心施工组织管理工程师、安全监察部工程师及各中心相关专业负责施工计划的技术工程师。

2. 职责及分工

1）领导小组成员职责

领导小组职责：不定期对施工工作的开展情况进行点评、指导，并有针对性地对施工组织工作提出指导意见。

组长：领导计划协调小组，协调与外单位于施工计划协调会议上未能商妥的问题，协调各中心间于施工计划协调会议上未能商妥的问题。

成员：指导施工计划的协调、编排、管理工作；协调于会议上未能商妥的问题；督促、指导工作组的工作。

2）工作小组职责、分工

组长：每周组织施工计划协调会，协调施工计划协调会存在的问题，审核并签发《周施工行车通告》。

成员：分工负责协调小组日常工作；按期组织计划审批会议；协调各单位的作业计划；处理作业计划变更事宜；跟进作业计划实施情况；编制、发布《周施工行车通告》《日/临补施工行车通告》。

思政元素

城市轨道交通运营施工作业永远要将安全放在第一位,这就要充分发挥做事认真、一丝不苟、精益求精的工匠精神,将施工组织作业与分工落到实处。

只有各部门各司其职,充分发挥爱岗敬岗的工作精神,才能提高施工作业的效率,使施工作业顺利进行。

3. 运作流程

《周施工行车通告》运作流程如表 11.1 所示。

表 11.1 《周施工行车通告》运作流程

序号	步骤	备注
1	施工计划的提交	外单位的作业计划,由外单位将计划提交主办部门或主配合部门,主办部门或主配合部门将外单位计划以及本部门计划向指挥中心施工管理提报
2	施工计划的汇总、分析	指挥中心施工管理汇总成表,分析协调的问题,并拟定初步方案
3	施工计划审批会议的召开	施工管理及外单位负责人全部参加,指挥中心根据需要参加,审批计划
4	《周施工行车通告》的编制	指挥中心根据会议审批结果,编制《周施工行车通告》
5	《周施工行车通告》的审核	《周施工行车通告》初稿编制后由当班值班主任进行审核,修订后定稿
6	《周施工行车通告》的签发	《周施工行车通告》由施工计划管理工作组组长签发并实施
7	施工计划的实施及跟踪	《周施工行车通告》下发后,行调、车场调度、车站组织实施并反馈实施情况
8	计划的调整	《周施工行车通告》如需变更,由指挥中心与受影响部门商定后,在周计划、日补充计划中注明

任务 2　施工计划的制定

任务目标

(1) 了解施工计划的分类。

(2) 了解施工计划的申报流程。

(3) 了解施工计划的编制过程。

学习内容

1. 施工计划

施工计划按施工作业地点和性质分类如下。

(1) 正线、辅助线范围内影响行车的施工为 A 类,其中开行工程列车、电客车的施工为 A1 类;不开行工程列车、电客车的施工为 A2 类;车站、变电所、控制中心范围内影响行车设备设施的作业为 A3 类(其中在主变电所数据采集与监视控制系统管辖范围之内涉及供电设备安装检修、停/送电操作、保护定值调整等此类施工,均按照 A3 类施工计划申报)。

(2) 车辆段/停车场内的施工为 B 类,其中开行电客车、工程列车的施工(不含车辆中心电客车、工程列车的检修作业)为 B1 类;不开行电客车、工程列车但涉及车辆段/停车场内接触网停/送电类、线路限界 3 m 以内影响行车的施工为 B2 类;车辆段/停车场内除 B1/B2 以外的施工作业为 B3 类(包含车辆段/停车场附属设备设施、消防类设备设施更换或维修或涉及场区 FAS 主机打至手动位类施工。如:场区照明更换,场内所属风机维修、调试,各办公楼烟感更换等)。

(3) 车站、主变电所、控制中心范围内不影响行车的施工为 C 类。其中车站公共区设备设施改造、造成一个及以上出入口封闭,对车站正常客运组织或应急情况下人员疏散方式变化较大的,造成车站环控、消防系统等应急设备、设施不联动或不能随时启动以及需动火的作业为 C1 类;其他局部影响客运服务,但经采取措施影响不大且动用简单设备,不对车站、变电所、控制中心消防造成影响或动作的施工为 C2 类(如因故障维修需将车站 FAS 主机临时调整至"手动"位的 FAS 系统故障维修类施工及清灰类施工,动用 220 V 及以下的电力、钻孔、设备设施表面清灰或擦拭、公共区更换墙地面砖或灯具、刷涂喷漆、氩弧焊焊接扶手等)。

按时间分为周计划、日补充计划、临时补修计划。

周计划是指结合年度设备检修计划编制,属于正常修程内的 A1、A2、A3、B1、B2、B3、C1 类作业的计划。

日补充计划是指周计划中需调整、变更、补充的 A1、A2、A3、B1、B2、B3、C1 类作业的计划。

临时补修计划是指当日运营时间内设备出现故障须在停运后进行维修处理的 A1、A2、A3、B1、B2、B3、C1 类作业的计划。

2. 施工计划编制

(1)周施工作业计划的安排应在确保安全的前提下,考虑均衡安排,避免集中作业。

(2)处理好列车的开行时间和密度、施工封锁等几方面的关系,避免抢点现象。

为方便施工单位作业,施工作业计划表内各项应认真、详细地填写,包括安全事项及其他应说明的问题(列车编组、行车计划、配合部门及详细配合要求、联系电话、施工影响范围等)。

经济、合理地使用工程列车、电客车,避免资源浪费。常规巡检类、清灰检修类施工应合理安排施工时间,避免资源浪费。

凡涉及运营线的施工作业,原则上禁止在运营时间段进行施工,一律安排在正线停止运营后的空档时间段进行,防止突发问题给正线运营行车带来影响。若必须在运营期间组织施工,应视影响经相关领导批准,做好安全防护措施后方可进行。

> **小贴士**
>
> 施工计划在执行前需要进行申报。申报施工计划是施工作业的前提,在申请过程中,一定要做到分门别类、按部就班,按规程办事,切不可越级申请,操之过急。

▶ 任务 3 施工管理

任务目标

(1)了解施工进场要求。

(2)了解施工安全管理。

(3)了解施工时间安排。

项目十一 施工作业及工程列车开行

> **学习内容**

1. 施工进场作业令

1）施工进场要求

凡在运营分公司所辖设备或所辖范围内进行的施工作业,列入周计划、日补充计划及临时补修计划的施工,都必须领取"施工进场作业令",如表 11.2 所示。施工领导人持施工进场作业令,凭工作证(外单位施工领导人须同时出示安全监察部发放的安全合格证及身份证)到车站、车辆段登记,A1、A2、A3 经行调批准,B1、B2、B3 经场调批准,C1 经车站行车值班员批准后方可进场作业;C2 类施工登记请点时,施工领导人持工作证(外单位施工领导人须同时出示安全监察部发放的安全合格证及身份证),经车站行车值班员批准后方可进场作业。

表 11.2 施工进场作业令

作业代码		作业令号		[ ]字( )— 号	
作业单位			作业人数		
作业日期			作业时间		
作业项目			作业区域		
主要作业内容					
封锁区间					
停电区间					
协作及其他					
发令人					
主站			领导人		
辅站及负责人					
请点	时间				
	批准人				

2）施工进场作业令签发

施工进场作业令是在运营分公司管辖范围内进行施工作业的重要凭证，统一由指挥中心管理。

指挥中心负责根据公司职责划分，向相应部门授权、审核、签发施工进场作业令。

3）施工进场作业令的发放规定

周计划、日补充计划的施工作业单位于前一天到指挥中心施工管理作业令办理点（B类施工到车场调度处）登记领取施工进场作业令。

非工作时间的日补充计划、临时补修计划的施工进场作业令由指挥中心值班主任或车辆段控制中心（depot control center，DCC）签发。

4）施工进场作业令的使用规定

施工进场作业令一经签发，如无特殊情况（指抢修、调试等）不得随意更改，相关作业单位（部门）必须严格按施工进场作业令规定的时间、地点安排作业。

如因特殊原因确须取消相关作业的，必须在施工进场作业令规定作业时间开始前2 h向指挥中心施工管理（非工作时间向值班主任）提出申请，B类计划向DCC提出申请，得到批准后方可取消，原施工进场作业令相应作废。

如因特殊情况，如抢修、作业调整而须对已签发的施工进场作业令进行调整、取消的，由指挥中心值班主任于作业开始前及时向施工作业单位（部门）通报调整（取消）情况。

2. 施工安全管理

1）施工管理

每项属于A类、B类、C类（C2类除外）作业须设立1名施工领导人，辅站另设施工负责人，外单位施工负责人须经过施工安全培训后取得安全合格证，并实行持证上岗制度。属于C2类的作业，不须设立施工领导人，但必须指定1名人员负责施工组织及施工安全管理。

施工负责人职责：

(1)负责作业人员、设备的管理。

(2)办理请点、销点手续。

(3)作业过程的组织指挥。

(4)及时与车站、车场联系作业有关事项。

(5)组织设置、撤销作业安全防护设施（接触网停电由电调负责，接触网停电挂地线按照相关流程办理）。

(6)出清作业区域，设备状态恢复正常。

2）施工防护

接触网停电检修或需接触网停电配合挂地线时，由设备中心供电部专业人员负责在指定位置挂接地线或挂移动地线。

工程列车及调试列车作业时，车站原则上须在作业区域两端及防护区域对应的轨道中央放置红闪灯（其中作业区域两端各放置两盏，防护区域各放置一盏），若施工区域包含联络线时，应在通往联络线处放置一盏红闪灯。施工前，由请点车站设置红闪灯，并通知作业区另一端车站及防护区域端车站值班员设置红闪灯防护。施工结束后，车站撤除红闪灯，并通知作业区另一端车站及防护区域端车站值班员撤除红闪灯。下列情况除外：

①行调组织出/回场列车、列车转线组织时，运行线路两端可不需要设置红闪灯。

②工程列车及调试列车作业的区域，如一端属于尽头线时，车站不需在尽头线端设置红闪灯。

③全线开行工程列车（含调试列车）作业时，车站不需在作业区域两端设置红闪灯防护，但应在通往其他线路的联络线处放置一盏红闪灯。

④遇工程列车仅在站内作业时，红闪灯由随车施工人员设置，车站不再设置红闪灯。

非开车作业时，车站和施工作业人员不需在作业区域两端设置红闪灯防护。

施工作业时除严格执行以上规定及公司相关安全防护规定外，还应按施工部门的有关施工操作程序的防护规定执行。

凡在运营时间内进行作业的，必须做好防护措施，确保地铁乘客的安全，最大限度减少对乘客的影响。

3）施工安全

当人员、工程列车在同一区域作业时，由施工领导人与车长根据现场情况协调。按施工前进方向，列车在前，人员在后，原则上不得颠倒或列车运行前后皆有作业，若确因作业需要在列车前后同时作业或需列车前后移动的，由施工领导人向行调报备，在确保安全的前提下联系车长或司机动车（若动车需行调配合排列进路，则施工领导人应在报备的同时向行调提出申请）。

非随车施工人员原则上应与列车保持 50 m 以上的安全间隔距离，原则上列车不得随便前后移动，如有需要动车时须施工领导人和司机或车长协商并向行调报备后才能动车以确保人身安全。作业人员应在自己现场作业区来车方向设置红闪灯防护。

开行工程列车、调试列车的有关防护：

①组织工程列车运行时，在工程列车运行的到达站前方必须保证至少有一个站间区间空闲作为防护区域。

②在开行工程列车进行作业的封锁作业区前后方必须保证至少有一个站台区或站间区间空闲作为防护区域。

③在开行高速调试列车的封锁作业区前后方必须保证至少有一个站间区间空闲作为防护

区域。

凡进入线路施工的施工作业人员必须按要求穿荧光衣,并根据作业性质及作业要求使用安全防护用品。

3. 施工时间安排

1）开始时间安排

晚上列车运营即将结束时,原则上上下行最后一班回段列车通过本站后,方可安排已出清的线路施工。如有工程列车/调试客车运行时需等工程列车/调试客车出清才能开始施工。

2）结束时间安排

施工结束时间不得晚于首列车出场段前 30 min。

施工期间遇到特殊情况需要延长作业时间时,应至少提前 30 min 向行调申请延点。

施工作业结束时间如遇停电挂地线配合时,必须保证在首列车出段场前 30 min 的基础上再提前 30 min 结束。

工程列车开行计划有变更时,相关部门应在当天 17:00 前做出通知;因工程列车故障不能开车时,车场调度应通知行调。

每日所有列车出清本站后,由车站根据施工登记表情况,判断条件满足后向行调请点。

车辆段/停车场内施工(作业)时间安排:

①车辆段/停车场内施工(作业)时间安排严格按照施工计划的要求执行,车场调度员、检修调度应根据当日施工计划提前做好线路空闲、车辆和司机准备。

②如车辆段/停车场内施工与车辆检修计划时间有冲突时,车场调度员应联系检修调度及相关主办作业部门协调处理。

任务 4　施工组织

任务目标

(1)了解施工组织作业相关知识。

(2)了解施工组织各环节时间。

(3)了解施工组织管理。

学习内容

1. 施工组织作业

1）施工作业审批

(1) 对维修、调试、施工等作业按性质、地点分别组织。
(2) A 类作业，须经行调批准，方可进行。
(3) B 类施工作业经车场调度员同意方可进行，如影响正线行车须报行调批准。
(4) C 类作业项目经车站行车值班员、主所值班员或控制中心调度批准方可施工。

2）施工作业控制

各施工单位及部门的施工、检查作业，严格控制作业区范围及作业时间。

外单位施工领导人（负责人）在地铁范围内施工须持安全合格证、施工进场作业令。C2 类施工，外单位须持安全合格证。外单位施工领导人持安全合格证，方可有资格申报地铁施工。外单位施工安全合格证取得程序：向安全监察部提出申请，安全监察部向培训部提出培训需求，安排外单位施工领导人学习、考试，合格后发证。

由主办部门或主配合部门申报的外单位作业，由外单位人员担任施工领导人，主办部门或主配合部门协助办理请销点。

3）接触网停电挂地线的作业

正线接触网专业人员施工需接触网停电挂地线（自挂）时，按下列程序执行：
① 线路出清后，行调通知电调停电。
② 行调接到电调已停电的通知，向车站发布停电通知。
③ 接触网检修人员到车站登记请点，车站向行调请点。
④ 车站接到行调批点通知后，通知接触网检修人员开始施工（属于 A1 类车站需设置好红闪灯后）。
⑤ 施工结束，接触网检修施工领导人向车站销点，车站报告行调销点（属于 A1 类车站需撤除红闪灯后）。
⑥ 行调与车站确认施工结束、线路出清后，批准销点。

4）车辆段/停车场接触网停电挂地线的作业

① 接触网专业操作车场隔离开关对接触网停电挂地线时，须与电调办理操作隔离开关和拆挂接地线的手续；车辆中心人员操作车场隔离开关对接触网停电挂地线按照车辆段相关规定执行。
② 按照谁管理谁控制的原则，电调与车辆段/停车场调度员应分别掌握本管辖范围内隔离

开关的状态(处于分位,还是合位),电调在发令操作车场控制中心管理的隔离开关时,应与车辆段/停车场调度员确认相关隔离开关的状态。车场隔离开关的具体管辖范围由设备管理部门具体规定。

③车辆段/停车场隔离开关的具体操作程序应由供电部门制定并纳入相关地铁电力调度手册及车辆段运作规则中。

④车辆段/停车场内作业涉及转换轨停电时,车辆段/停车场调度员需向行调申请,经批准才允许停电。接触网送电后,车辆段/停车场调度员需及时通报行调。

⑤车辆段/停车场接触网停送电前,车辆段/停车场调度员应确认是否具备停送电条件,并汇报给电调。

5) 配合施工作业

主办部门在申报需其他部门配合的施工计划前,应先向配合部门提出申请,配合部门同意并在配合施工作业申请单(表11.3)签字后,主办部门需在提报施工计划的同时将会签后的配合施工作业申请单提交给指挥中心施工管理。

表 11.3 配合施工作业申请单

作业项目		主办部门		作业类别	
作业日期		申请人			
作业内容					
配合要求					
配合部门意见	票务中心意见				
	车辆中心意见				
	客运中心意见				
	指挥中心意见				
	设备中心意见				

注:只涉及各中心分部或各中心内部各分部之间配合施工的,在意见栏填"××部同意"后再签字。

配合部门必须严格按配合要求提供配合,并按作业开始时间的要求提前做好准备,按时到场,对于主办或主配合外单位作业的,必须协助办理请点、销点手续。

需其他部门配合作业的施工主办部门,必须按规定的作业时间到位进行作业及相关手续办理,如超过 10 min 的,该项作业取消。在施工作业中,主办部门必须接受配合部门的监护,配合部门必须全力支持主办部门施工。

6)其他规定

每日运营结束后,设备中心按计划对各设备系统进行检修作业。并应于规定时间内完成对运行线路巡道和施工线路出清程序。

在正线及辅助线施工开始前,施工负责人应进行施工登记,车站签认,经行调批准后,通知施工负责人开始施工。

施工结束后,施工负责人负责线路出清、人员及工器具撤离现场,施工负责人经检查确认撤除防护后,办理注销施工登记手续。

2. 施工组织各环节时间

线路巡道的规定,原则上线路巡道每 48 h 不得少于 1 次。

1)施工作业所在车站、区间可以开始作业的时间点

施工作业所在车站、区间可以开始作业的时间点=运营客车线路出清时间点+工程列车或调试客车出清线路时间+停电时间+挂地线时间+请点时间。

运营客车线路出清时间点:即所有运营客车已出清施工作业所属车站、区间线路及相应接触网的供电区。该时间点按照运营时刻表内的时间而定。

工程列车或调试客车出清线路时间:当晚施工作业工程列车或调试客车出清某车站、区间的时间,包括工程列车或调试客车从车场至某车站、区间所花费的时间。

停电时间:从行调同意停电至电调通知停电完毕所花费的时间(含行调确认停电时间)。

挂地线时间:从行调同意挂地线至电调通知挂地线完毕所花费的时间(含行调确认已挂地线时间)。

请点时间:包括车站与行调办理施工请点所花费的时间(含请点等待时间、车站做防护时间)。

2)各环节的规定时间

运营客车线路出清时间点:该时间点按照运营时刻表内的时间确定。

正常情况下的停电时间(特殊情况除外)=行调通知电调时间+电调操作时间+电调操作完毕至通知行调时间(含行调确认过程)=2 min+10 min+1 min=13 min。

挂地线时间=行调同意挂地线时间+电调发布命令完毕时间+从接到挂地线命令到达挂

地线地点时间＋挂地线时间＋返回车控室汇报时间＋电调通知行调时间＝1 min＋2 min＋4 min(当挂地线地点在两端站台按 4 min;如进入折返线,按实际地点计算)＋3 min(同组人员增加一组地线,则增加 3 min,如进入下一组地线地点,需要增加走路时间)＋4 min(如进入折返线,按实际地点计算)＋2 min。

请点时间＝车站请点至行调同意请点时间＋车站设置防护信号时间＝2 min＋4 min＝6 min。

工程列车运行过程中,可以停电区域的停电作业可以同步进行。同一区域多个施工时,每个施工办理时间为 1 min,后续各段施工开始时间顺延。

工程列车或调试客车出清线路时间:

考虑到各类工程列车的运行限制,正线运行的时间按平均 30 km/h 速度计算(出车场另计)。

运行时间＝站间距离÷平均速度。

备注:由于同一线路受多个工程列车或客车运行影响,其影响时间按以上时间加上间隔时间计。

3)施工作业时间调整

当日因特殊原因,施工作业时间需调整时,由施工组织管理工程师或值班主任通知作业部门或主办部门、主配合部门的部门调度,由部门调度通知施工作业人员。

小贴士

(1)施工之前必须请点,防止出现施工时间冲突及其他意外情况。
(2)接触网停电挂地线作业必不可少,是施工人员安全的重要保障。
(3)施工组织管理培训十分重要,施工人员需进行培训并考核合格才可进行相关施工作业。

任务 5　工程列车的开行

任务目标

(1)了解工程列车开行基本原则。
(2)了解工程列车开行规定。
(3)了解抢修作业时工程列车的相关规定。

1. 工程列车开行基本原则

（1）工程列车运行前，工程列车司机对机车及连挂车辆的技术状态做必要的检查，保证技术状态良好。施工领导人亲自或派胜任人员对连挂车辆装载的货物进行检查，核对货物高度及与接触网的距离，确保装载牢固，并不得超出规定的车辆限界，经司机检查确认后，方准运行。

（2）安排工程列车作业时，必须严格按照划分的区域安排作业，工程列车必须按照规定的时间离开作业区，特殊情况按照行调命令执行。

（3）工程列车进入封锁区间施工时，除施工单位自身要做好防护措施外，车站须在该施工地段两端车站的端墙门处轨道中央设置红闪灯防护，以警示注意。

（4）工程列车运行时，司机密切观察前方线路出清情况，车长负责观察轨道平车上物品及部件装载状态，防止掉落，发现危及行车安全时，立即停车。

（5）工程列车进路排列由行调负责，行调在指挥工程列车运行时要在"施工作业登记表"（表11.4）上严格确认工程列车运行前后有无施工作业，并确认工程列车运行的前方进路已准备好。

表11.4 施工作业登记表

_____ 年 _____ 月 _____ 日

请点登记栏	作业项目		作业区域	
	作业令号码		作业单位	共__人进场
	施工领导人（负责）人		证件号码	计划作业时间 __时__分起 __时__分止
	安全措施		工器具	
销点登记栏	辅站		主站	
	本项作业已由本站报指挥中心行调备案，并获行调批准，于___时___分至___时___分在所申报作业区域内进行，施工承认号码___，并已知会辅站。 车站值班员签名： 施工领导人签名：		接___站值班员通知本项目作业已获行调批准，于___时___分至___时___分在所申报作业区域内进行，施工承认号码___。 车站值班员签名： 施工负责人签名：	

续表

辅站	主站
接施工领导人/站值班员通知,本项作业已结束,并出清作业区域,由本站值班员于_____时_____分报告行调_____销点。 车站值班员签名: 施工领导人签名:	接施工领导人/站值班员通知,本项作业已结束,并出清作业区域,由站值班员于_____时_____分报告行调/主站销点。 车站值班员签名: 施工领导人(负责人)签名:
备注	

2. 工程列车开行规定

(1)按《行车组织规则》的有关规定执行。

(2)在工程列车出车辆段和停车场前,工程列车司机要与行调试验无线调度电话的性能。工程列车在运行中,司机和车长要加强与行调的联系(如联系不上时通过车站转达),掌握列车运行计划,确认进路。

(3)工程列车在进站、出站、运行至曲线前,站内或区间动车前,均须鸣笛示警。

(4)行调组织工程列车正线运行时,应尽量避免分段行车;当前方施工作业未按时结束或因特殊情况须组织工程列车分段运行时,行调通知工程列车司机允许运行的起止站,司机必须复诵。

(5)工程列车在正线封锁区域内作业,原则上进路的道岔不能动,若因作业需要转动道岔时,由施工领导人向车长提出,车长与行调联系动车计划,能排列进路的由行调排列,行调确认进路排列情况,方可通知车长动车。不能排列进路的,人工手摇道岔准备进路。

(6)因施工、装卸货物的需要,工程列车编挂平板车需在车站甩挂作业时,必须经指挥中心值班主任批准,做好安全防护及防溜措施并及时挂走。

(7)原则上工程车在区间内不允许甩挂作业(辅助线除外)。

(8)工程列车作业完毕,原则上在首列电客车出车辆段/停车场前 60 min 回到车辆段/停车场。

(9)ATS 故障时开行工程列车,在始发站、终到站及有临时停车的车站均要向行调报到始发点。

(10)故障工程列车在区间时,需发布封锁站间线路的命令,行调组织就近工程列车担任救援。

(11)工程列车司机必须掌握好运行速度操作运行,工程列车最高运行速度如表 11.5 所示。

表 11.5　工程列车最高运行速度

序号	项目	机型	最高运行速度	说　明
1	正线	GCY450	80 km/h	①正线运行遇小半径曲线、侧向道岔或其他限速条件按限速要求运行。②遇铁路局、烟厂站侧向通过道岔时,按 15 km/h 以下速度运行。③轨道平车装载货物时,按装载货物要求速度运行
2		GCY230		
3	车辆段/停车场内运行	GCY450	20 km/h	列车在各种车型车辆段/停车场内(试车线除外)运行,均不得超过 20 km/h
4		GCY230		

3. 抢修作业时工程列车、救援列车进出封锁区间的规定

(1)维修调度员负责向行调提出使用工程列车的计划(人数、设备数量和施工地点),由行调向车场调度员发布出车命令。

(2)车场调度员按行调要求在 10 min 内把工程列车开行到车辆段/停车场内指定地点。

(3)抢修工作执行部门原则上在工程列车到达后 10 min 内完成装载设备、物品等工作,并安排跟车人员上车。

(4)行调负责组织工程列车或救援列车从车辆段/停车场至封锁区域的指定地点后,向工程列车或救援列车交付封锁命令,司机凭命令由车长引导进入封锁区间。

(5)如封锁区间内有道岔、辅助线时,由车长与行调联系调车进路计划,行调排好进路后通知车长,由车长指挥动车。

(6)工程列车在车站装卸物料时,物料必须整齐堆放稳固在距安全门边缘 0.5 m 以外的地方,车站要负责监控,查看是否有物品侵限。

小贴士

(1)工程列车在进行施工作业之前,须进行登记。
(2)工程列车在进行施工作业时,必须按照规定速度进行。

想一想

1.《周施工行车通告》的编制必要性是什么?
2.各类施工计划申报时的区别是什么?
3.各计划编制审批程序有什么区别?
4.施工进场作业令当中哪几项内容更为重要?

5. 为什么因工程机车故障不能开车时,车场调度应通知行调?

6. 在正线及辅助线施工开始前,施工领导人、施工负责人应进行施工登记,是否有必要?

7. 为什么工程列车在进站、出站、运行至曲线前,站内或区间动车前,均须鸣笛示警?

练一练

填写一项施工作业的施工进场作业令与施工作业登记表。

项目十二　城市轨道交通运营作业

项目描述

城市轨道交通运营作业是城市轨道交通正常运营的重要保障。本项目主要介绍城市轨道交通列车调试与试验、城市轨道交通运营抢修作业、城市轨道交通运营设备操作及检修组织、车辆段/停车场及正线等场所的信号系统显示方式等内容。

学习目标

(1)掌握列车调试与试验的流程及相关规定。

(2)掌握运营抢修作业的原则、流程及相关规定。

(3)掌握运营设备操作及检修组织原则。

(4)掌握车辆段/停车场及正线等信号系统的显示方式。

素质目标

(1)培养工作责任感与担当精神。

(2)培养爱岗敬业、争创一流、艰苦奋斗、勇于创新的优良品质。

(3)培养务实肯干、坚持不懈、精雕细琢的敬业精神。

(4)建立认真做事、乐于奉献的观念。

能力目标

(1)提升完成列车调试与试验的能力。

(2)提升对运营抢修作业的认知能力。

(3)提升对各种设备信号显示方式的认知能力。

任务 1　行车运营准备

任务目标

(1)掌握车站、车辆段及行调运营准备。
(2)了解列车运行各阶段的注意事项。

学习内容

1. 车站运营准备

每日运营前须检查施工登销记,线路出清,检查站台区的轨旁设备、广告灯箱、接触网无异常、无侵限。

每日运营前车站 LOW 工作站须具备以下条件:
①LOW 工作站按用户名、密码等规定登录。
②登录系统并处于中控状态。
③轨道电路、道岔、信号机、安全门等行车设备状态显示正确。

每日运营前各车站与行调须进行校对,以控制中心时钟系统的钟表时间为准。每日运营前各车站须按规定做好各项运营准备工作,所有运营有关值班人员须到岗,检查并确认无任何异常情况,并在首列电客车出段/场前至少 30 min 向行调汇报。

2. 车辆段运营准备

每日运营前电客车(包括备用车)的列数须符合当日运营时刻表要求,场调在首列电客车出段/场前至少 50 min 按运营时刻表的计划提供当日合格上线运行的电客车车组号(包括备用车)。

载客运营的电客车须具备以下条件:
①无线调度电话、车厢广播及通风设备使用功能良好。
②车载设备日检正常、铅封良好。
③车辆设备良好。

每日运营前车辆段/停车场与行调以控制中心时钟系统为准校对钟表时间。每日运营前车辆段/停车场须按规定做好各项运营准备工作,所有运营有关值班人员须到岗,检查、确认无任何异常情况,场调在首列电客车出段/场前至少 30 min 向行调汇报。

3. 行调运营准备

每日运营前须确保接触网系统、消防环控系统、通信系统等与运营有关的设备状况良好。

每日运营前 ATS 中央工作站系统须具备以下条件：

①中央工作站按用户名、密码等规定登录系统并处于中控状态。
②轨道电路、道岔、信号机、安全门等行车设备状态显示正确。
③调度员确认当天运营时刻表。

思政元素

> 调试、试验是列车运营中发现问题、解决问题的关键环节。一定要将问题扼杀在摇篮中，切不可让列车带着问题运营，要时刻把群众的安全和利益放到第一位。

4. 列车出入车辆段/停车场

每天运营开始前和结束后，行调、场调（信号楼值班员）按运营时刻表的要求及时组织列车出入车辆段/停车场。运营时间需组织列车出入车辆段/停车场时，行调应利用行车间隔组织列车出入车辆段/停车场。

出入车辆段/停车场的车辆均按列车办理，排列列车进路。信号楼值班员可根据作业需要由行调授权排列调车进路接发车。当出入车辆段/停车场的信号不能开放时，人工准备进路组织列车出入车辆段/停车场。

1）列车出车辆段/停车场

信号楼值班员办理停车库至转换轨的出车辆段/停车场进路，电客车以限制人工驾驶模式/非限制式人工驾驶模式运行至转换轨停车，自动接收（或人工输入）目的地码和车次信息，司机切换无线调度电话频率至正线。出车辆段/停车场的电客车应在出入车辆段/停车场线防护大门前一度停车，司机在确认大门安全后动车。

在 ATC 系统自动排列或行调（行值）人工排列由转换轨至正线接轨车站站台的进路后，电客车收到速度码，司机转换至推荐模式驾驶电客车驶离转换轨进入正线，投入正常运营。如电客车收不到速度码，行调确认转换轨出口信号机至正线接轨车站站台的进路已准备完毕后，命令司机以 RM/NRM 模式凭转换轨出口信号机开放的允许信号驾驶电客车运行至相应的正线接轨车站站台停车后，转换至 ATO/ATP 模式投入正常运营。

2）列车入车辆段/停车场

在 ATC 系统自动排列或行调（行值）人工排列正线接轨车站至转换轨的入车辆段/停车场

进路后，电客车收到速度码，司机以推荐模式驾驶电客车退出正线运行至转换轨停车，司机切换无线调度电话频率至车辆段/停车场。入车辆段/停车场的电客车应在出入车辆段/停车场线防护大门前一度停车，司机在确认大门安全后动车。

信号楼值班员办理转换轨至停车库的入段/场进路，司机凭入段/场信号显示的允许信号及信号楼值班员动车命令以 RM/NRM 模式驾驶电客车驶离转换轨进入车辆段/停车场。

5. 列车出发

1）ATO/ATP 驾驶模式电客车的出发

电客车关门时机为发车指示器计数显示 15 s，发车时机为发车指示器显示 0 s。电客车允许占用前方轨道电路区段的凭证为 DMI 显示的"允许发车"指示及出站信号机显示的允许信号。

作业程序：司机根据发车指示器的显示，确认车门、安全门完全关闭及锁闭和无夹人夹物现象后，进入驾驶室检查 DMI 显示，在确认发车条件具备后，按运营时刻表规定时间或行调命令以允许的驾驶模式驶离车站。

2）RM/NRM 驾驶模式电客车的出发

电客车关门时机为发车指示器计数显示 15 s，发车时机为发车指示器显示 0 s。电客车允许占用前方轨道电路区段的凭证为地面信号机显示的允许信号。

作业程序：司机根据发车指示器的显示，应立即关闭车门、安全门，其次确认车门、安全门完全关闭及锁闭和无夹人夹物现象，进入驾驶室检查 DMI 显示，在确认发车条件具备后，按运营时刻表规定时间或行调命令以允许的驾驶模式驶离车站。

3）出发作业规定

司机在电客车停站乘客上下车过程中，发车指示器显示至 15 s 时及乘客上下车基本完毕时，即刻按压电客车关门按钮（保持 0.5 s 及以上），安全门将同时联动关闭。司机、车站工作人员在确认电客车客室车门及安全门已关好，无夹人夹物等不安全情况后，电客车司机即刻上车。司机确认电客车发车条件已具备，应及时发车，并做好客室广播。

车站工作人员在电客车接发车过程中，要维护好站台乘客上下车及候车秩序，并协助司机关好车门，遇有危及行车与人身安全时，立即使用站台紧急停车按钮等安全措施，确保行车与人身安全，并将情况及时报告车站行值并立即转报行调。所在车站紧急停车按钮动作后，车站必须立即查明原因，排除险情后，方可复原，并报告行调。未经调度允许，司机禁止擅自动车。电客车在车站的停站时间因故超过图定时间 30 s 及以上时，车站行值直接向行调报告。遇特殊情况进行运营调整时，车站按行调命令执行。

6. 列车运行

电客车的驾驶模式：自动驾驶模式（ATO）、ATP 保护的人工驾驶模式（RM）、限速人工驾驶模式（RM）、非限制式人工驾驶模式（NRM）。

电客车改变驾驶模式时必须经过行调允许。RM/NRM 模式必须停车转换为 ATP/ATO 模式，ATP/ATO 模式必须停车转换为 RM/NRM 模式，ATO 模式必须停车转换为 ATP 模式。

① 以 ATO 模式运行的电客车自动行驶。

② 以 ATP 模式运行的电客车，司机根据 DMI 显示推荐速度行驶。

③ 以 RM、NRM 模式运行的电客车，司机根据行调的口头命令行驶。行调对 RM、NRM 模式运行的电客车应重点监控，保持与前车、后车间至少一站一区间的间隔（救援列车除外）。

首末班车必须按运营时刻表的计划开行，原则上首班车不允许晚发车，末班车不允许早发车。遇特殊情况需要调整时，行调及时通知司机，车站做好广播和乘客服务。

驾驶员在运行中要掌握好各种速度，严格掌握进出站、过岔、线路限制等特殊运行速度。电客车在各种情况下的最高运行速度规定如表 12.1 所示。

表 12.1 电客车最高运行速度

序号	项目	最高运行速度/(km/h)				说　　明
		ATO	ATP	RM	NRM	
1	正线运行	按照推荐速度	按 ATP 防护速度	25	45	①正线电话闭塞法行车时 NRM 驾驶模式限速 45 km/h。②出入车辆段/场线电话闭塞法行车时 RM/NRM 驾驶模式均限速 20 km/h。③救援列车运行限速 45 km/h
2	电客车不停车通过车站	按照推荐速度	按 ATP 防护速度	25	40	电客车头部离开头端墙的速度
3	电客车进站停车	按照推荐速度	按 ATP 防护速度	25	40	电客车头部进入尾端墙的速度
4	电客车推进运行	—	—	25	30/10	①救援列车在故障车尾部推进时30 km/h。②单列电客车运行司机在尾端驾驶时 10 km/h
5	电客车退行	—	—	10/25	10/35	因故在区间退回发车站时（司机在尾端驾驶/司机在头端驾驶）

续表

序号	项目	最高运行速度/(km/h)				说　明
		ATO	ATP	RM	NRM	
6	引导信号	—	—	25	25	
7	电客车进入终点站	按照推荐速度	按ATP防护速度	25	25	
8	电客车在辅助线上运行	按照推荐速度	按ATP防护速度	25	25	列车在存车线、渡线、安全线上运行时采用RM/NRM模式 驾驶模式限速15 km/h
9	车辆段/停车场内运行	—	—	20	20	停车库内10 km/h,试车线除外

注：当线路、设备功能允许速度低于上述要求时，按其限制速度。

7. 列车到达

1) ATO/ATP驾驶模式电客车的到达

以ATO驾驶模式运行的电客车自动停车，以ATP驾驶模式运行的电客车，司机手动驾驶停车。ATO驾驶模式电客车，司机应将电客车"门模式选择开关"设置为"自动开/手动关"模式，电客车在进站前，司机应加强瞭望、密切关注电客车停车过程，电客车停车位置准确后，车门自动打开（安全门联动打开），监视乘客上下车，关门必须由司机手动按压关门按钮。ATP驾驶模式电客车在进站前，司机应根据DMI显示的推荐速度手动驾驶电客车进行对标停车，在停车过程中同时应加强瞭望，经确认电客车停车位置准确后，手动打开车门（安全门联动打开）监视乘客上下车。

2) RM/NRM驾驶模式电客车的到达

RM/NRM驾驶模式电客车在进站前，司机应按规定速度手动驾驶电客车进行对标停车，在停车过程中同时应加强瞭望，经确认电客车停车位置准确后，手动打开车门、安全门，监视乘客上下车。

3) 到达作业规定

电客车进站，司机要按规定速度驾驶，加强瞭望，遇有危及行车与人身安全的险情时，立即采取紧急停车措施，确保行车与人身安全。电客车进站停准后，其误差不得超过±0.5 m。电客车到站停稳后，司机需加强监控，打开客室车门及安全门，确保乘客及时上下车。

4) 通过作业规定

电客车进站时，司机要按规定速度驾驶，加强瞭望，遇有危及行车与人身安全的险情时，立即采取紧急停车措施,确保行车与人身安全。停站电客车临时变通过,按越站的相关规定执行。

8. 列车折返

正常情况下,电客车折返由系统自动控制,以自动折返模式运行,其他列车或电客车在特殊情况下,由中央或车站人工排列进路。

折返作业程序如下。

(1)利用站台折返:电客车停站后,列车开门上下客的同时,司机转换控制端,上下客作业基本完毕,司机确认发车条件具备后,关门动车。

(2)存车线折返:自站台至存车线的进路由系统自动排列,电客车站台乘降作业结束后,司机确认进入存车线条件满足后,以 ATO/ATP 驾驶模式进入存车线;自存车线至站台的进路由系统自动排列,司机在存车线进行驾驶端的转换操作,并根据出存车线信号机显示的允许信号,以 ATO/ATP 驾驶模式驶出存车线进行停站作业。

任务 2　运营抢修作业

任务目标

(1)掌握运营抢修作业的原则。
(2)了解运营抢修作业的流程。
(3)了解运营抢修作业的相关规定。

学习内容

1. 运营抢修作业原则

(1)设备故障已影响或将要影响地铁列车正常运行安全,危及或将要危及乘客和员工人身安全,已导致或将会导致重大的设备损坏,影响或将要影响大面积客运服务时,必须立即对故障进行抢修处理。

(2)故障(事故)抢修必须坚持"先通后复"原则,接到抢修命令后,相关维修人员立即进行抢修,排除故障,在处理后及时报告和记录。

(3)需要进行抢修时,由生产调度或其他调度向维调申请或维调直接向相应部门调度下发抢修命令。抢修期间维调有权直接调派各专业抢修队伍。

(4)从抢修开始至抢修完毕,维调应协助值班主任做好信息发布工作。

2. 抢修命令号

(1)抢修命令号是指在紧急情况下,由维调下发实施抢修组织开始的命令编号。

(2)抢修命令号由维调依据年度抢修故障先后顺序生成流水号。抢修命令号由××××(年)-××(月)××(日)-××(流水号)组成。例如:2012-0504-38,即 2012 年度 5 月 4 日第 38 号故障抢修命令。

3. 抢修流程

(1)在紧急情况下,由相应部门调度或电调、环调向维调申请,维调下发抢修命令号,或由维调直接向相应部门调度下发抢修命令号,相应部门调度负责组织实施抢修。

(2)对涉及两个专业及以上的紧急故障,由相应部门调度向维调申请,或维调通报部门调度故障情况并直接下发抢修命令号,同时组织相应部门协调,如果部门调度之间协调不能确立,维调直接指定其中某一部门作为联合抢修主要故障部门。其他相关抢修部门须服从联合抢修主要故障部门的指挥。抢修小组在事故发生地点就近车站进行请点,由抢险负责人或现场总指挥向其部门调度报告抢修方案和报告抢修开始。在抢修过程中相关部门专业负责进行配合和技术支援。

(3)故障抢修结束后,由其部门调度使用录音电话向维调报告抢修处理情况、设备恢复情况以及人员、工器具出清线路。与此同时各部门调度及时派人进行后续设备确认等工作。

(4)维调应随时向值班主任汇报抢修情况,协助值班主任发布信息。汇总整理部门调度上交的抢修报告,完成维调抢修组织报告。

4. 正线、辅助线封锁区间抢修的规定

遇单洞双线之一线进行抢修作业时,原则上封锁上下行区间。如另一线确需行车时,列车运行速度不得超过 5 km/h,抢修负责人安排专人做好施工防护。

进入封锁区间抢修注意事项如下。

(1)行调负责组织故障情况下行车。

(2)行调向有关站发布封锁线路命令。

(3)行调根据需要通知电调停电。

(4)维修调度员得到行调的封锁命令号码、范围和时间后,负责组织封锁区间内的设备抢修工作,并指定一名施工领导人为现场指挥;同时现场指挥指派专人在车控室进行防护,被指派至车控室的防护人员负责抢修作业的请销点工作,同时负责与现场指挥积极联系,随时掌握抢修的进度。

(5)抢修完毕,现场指挥确认线路出清后报维修调度员,该封锁区间交回行调解封、组织列

车运行。

(6) 列车或车辆在线路上的起复救援工作按《列车事故应急预案》和《突发事件处理规定》等有关规定执行。

(7) 抢修、救援人员进出由行车调度员控制,进出封锁区间抢修救援人员可使用无线调度电话(如无法联络时经车站)向行车调度员申请进出区间。

如遇车辆在线上的起复救援工作,涉及系统设备,由分管的电调、环调、维修调度员向值班主任提供技术支援,内容如下。

(1) 影响范围、预计处理(开通)所需时间;变更的运行模式(指系统设备),如越区、单边供电,借用相邻设备等。

(2) 处理进展情况。

(3) 达到开通条件(轨道、供电)时的报告。

(4) 设备故障或事故处理时,线路出清的报告。

(5) 根据现场情况,由行调组织行车,由事故处理主任负责现场抢修工作。

(6) 电调、环调、维修调度员接到故障或事故报告后,由各专业调度尽快分析、做出判断。

(7) 现场的抢修人员和事故处理主任共同确认行车条件后,由事故处理主任通知行车值班员,行车值班员报行调。

(8) 故障、事故处理完毕,由事故处理主任报维修调度员,维修调度员再报行调线路开通;遇车辆在正线上起复救援时,由事故处理主任确认可以行车后,报告行调开通线路。

5. 运营期间短时间进入正线、辅助线抢修的规定

行调按照"先通后复"原则,根据运营实际情况及时授权维调安排抢修作业。抢修人员到车控室办理临时登记手续后(特殊情况下经行调同意可不办理登记手续,抢修完毕补办),到站台待令并及时报告维调。

1) 进入站台或站台附近区段的作业

(1) 行调及时通知车站抢修作业内容,具备抢修条件、行调或车站通过信号系统设置防护后(无法通过信号系统防护时,行调通知车站设置红闪灯进行防护)立即通知维调和车站。

(2) 得到行调准许后,维调负责通知抢修人员进入抢修区间,车站应监督抢修人员进入正确的区域。

(3) 抢修期间严禁运行电客车进入抢修的区间或站台区域。

(4) 特殊情况在有安全地带避让电客车的轨行区进行抢修作业时,必须征得指挥中心值班主任同意。抢修单位应在车控室安排联络防护员,现场抢修人员须及时避让电客车,注意作业安全。

(5) 抢修人员抢修结束、出清线路、恢复运营条件后,及时通知维调,维调再报告行调,行调

通知车站抢修结束,确认防护措施撤除后恢复运营。

(6)抢修人员应及时到车控室补办相关手续。

2)运营时间搭乘电客车到区间隧道的抢修作业

(1)区间抢修行车设备搭乘客车到区间隧道抢修行车设备时,经值班主任批准。

(2)由维修调度员组织抢修人员在指定车站站台待令,维调按行调指定的车次通知抢修人员上车(行调通知相关车站和司机)。

(3)抢修人员登乘司机室,通知司机在故障点前停车,从司机室门下车进入轨道,进入司机室的抢修人员,不得影响司机的工作,并以2人为限。如果超过2人时,其余人员到客室乘车,下车时通过司机室门进入轨道。

(4)能够及时恢复的作业,抢修完毕后立即报告维调,维调报告行调,在抢修人员进入司机室后,由行调通知司机动车;需滞留区间的作业,抢修人员进入安全地带后,用白色灯光(手电)上弧线向电客车方面作圆形转动或通过无线调度台联系(已到安全地点)通知司机继续运行。抢修作业时不得超出指定区域,严禁影响其他电客车运行。需返回车站时向维调申请,维调与行调协商后,分别通知抢修人员和电客车司机,抢修人员给司机停车信号(使用信号灯或手信号),指示司机停车,司机打开司机室侧门让抢修人员上车。

(5)在水泵房的抢修人员只能在水泵房内作业,严禁侵入行车限界,影响行车及人身安全。

(6)在车站或线路两旁发生设备故障或事故,但不影响列车正常运行时,由环控/维修调度员统筹处理。

6. 车辆段/停车场抢修处理规定

(1)由车辆段/停车场调度员、信号楼值班员负责封锁相关线路,如影响车辆段/停车场接发正线列车,场调应及时向行调报告。

(2)如为行车事故,由车辆段/停车场调度员、信号楼值班员统筹组织处理,检修调度、环控/维修调度员配合。

(3)属车辆中心管辖的设备故障,由检修调度统筹组织处理,并指定一名专业人员为现场指挥。

(4)属设备中心管辖的设备故障,由维修调度员统筹处理,并指定一名相关专业人员为现场指挥。

思政元素

不同工作场景的抢修作业规定不同。相关工作人员必须根据实际情况,本着"勤勤恳恳为工,兢兢业业为匠"的处事原则进行抢修工作。

任务 3　运营设备运用

任务目标

(1) 了解相关设备的操作规定。
(2) 了解设备检修组织原则。

学习内容

1. ATS 系统的人机界面操作规定

ATS 中央设备正常时,行调通过中央人机界面(human machine interface,HMI)实施中央监控,在故障或必要时行调可授权车站使用 LOW 控制;当 LOW 不能正常监控时,由行调在中央操作工作站(center local operator workstation,CLOW)上监控。

ATS 中央设备正常时,非安全相关命令由行调在中央 HMI 上操作,安全相关命令由联锁站行值进行安全确认后在 LOW 上操作。

当 ATS 不能自动排列进路或者发生其他紧急情况时,行调应立即人工介入操作。

中央 HMI 操作人员应按规定正确登录、退出系统。

2. CLOW 操作规定

在各站 LOW 正常时,CLOW 只监不控,行调通过 CLOW 观察全线运营的四个联锁区内列车进路及列车运行信息。

当 LOW 不能正常监控时,行调与车站行值在办理好控制权交接后,在 CLOW 上监控该联锁区的信号设备。

CLOW 操作人员应按规定正确登录、退出系统。

3. LOW 操作规定

LOW 操作人员必须经过培训,考试合格,并持有分公司颁发的操作证方可上岗操作。
以下与安全有关的 LOW 命令须经行调同意后方准操作。
① 轨区设限。
② 轨区消限。
③ 解封区段。

④强解区段。

⑤取消锁定。

⑥解封道岔。

⑦强解道岔。

⑧解封信号。

⑨开放引导。

⑩强行站控及重启令解。

使用安全相关的操作命令时,必须检查列车进路,确认进路空闲,道岔位置正确后,方可实施。

在操作 LOW 过程中,操作员必须确认进路要素是以正确的方式显示,否则必须立即停止和取消该项操作,并报告行调。行调根据具体情况,不能正常操作时,发布停止使用命令,按 LOW 故障处理组织行车。

LOW 操作人员应按规定正确登录、退出系统。

4. IBP 盘的操作规定

运营期间 IBP 盘上与行车相关按钮由行值负责操作,其他无关人员不得进行操作。车站操作 IBP 盘上与行车相关按钮后应及时汇报行调,并及时通知司机。

5. 设备检修组织

在运营时间内,未经行调许可不准进行影响行车的有关设备检修作业。

原则上不允许使用正在检修中的行车设备,如紧急情况需要使用时,须经检修人员同意。

进入正线、辅助线及影响正线行车的施工须经行调同意;进入车辆段/停车场内线路及影响车辆段/停车场内行车的施工须经场调同意。

运营时间发生设备故障时,按"先通后复"原则进行处理。影响行车的故障立即组织抢修,具备通车条件时尽快恢复运营。不影响行车的故障原则上在非运营时间进行抢修。

运营时间的设备抢修及非运营时间的施工组织按《行车设备维修施工管理规定》的规定执行。

任务 4　特殊情况运营

任务目标

(1) 了解救援列车开行相关要求。

(2)掌握安全门故障时的运营要求。

学习内容

1. 救援列车的开行

电客车故障需要救援时,原则上应正向救援(后车救援前车、推进运行)。

行调下达救援命令后,立即布置故障车和相关救援列车在就近车站清客;如故障车在区间内,则等救援列车与故障车连挂后,按规定速度运行到就近车站清客。

救援列车、故障车清客作业时间均为 2 min,如无法完全清客完毕,在进行广播之后可关门开车,并在救援完毕(进入存车线或回车辆段/停车场)前所在站台再次清客。救援列车和故障车清客作业完毕后,行调通知救援列车司机将救援列车运行至故障车处进行救援连挂作业。

故障车在接到行调的救援命令后不准动车,司机应切除 ATP,施加停车制动,并打开两端的标志灯作为防护信号,根据行调告知的救援列车来车方向做好与救援列车的连挂准备。在连挂之前还可继续排除故障,但不能动车,如故障排除则报告行调申请解除救援。

救援列车以 ATP 模式运行至自动停车后,按行调命令司机转换为 RM 模式运行至故障车 15 m 外停车,听候故障车司机的指挥连挂,连挂限速 3 km/h。连挂后应进行试拉,确认连挂妥当,故障车方可缓解停车制动。

两车连挂作业结束后,救援列车司机应立即与行调联系,按行调命令推进或牵引故障车运行。

当列车因故障不能开行时,乘客可通过司机室前端的安全门进行逃生。

2. 安全门故障时列车运行及处理

发生安全门故障时,要按照"先通后复"原则进行处理,在保证安全的前提下,确保电客车正点运行。

当某一安全门出现控制电路故障导致"安全门关闭且锁紧"信号失效,站务人员通过打开就地控制盒"隔离位"开关切断监控系统与门控单元的控制电路,以便列车离站或进站。

当各安全门单元可以正常运行但安全门关闭后信号系统无法接收到"安全门关闭且锁紧"信号时,站务人员通过操作就地控制盘"互锁解除"开关向信号系统发送"互锁解除"信号,以便列车离站。

当信号系统与安全门系统控制电路接口出现故障,导致信号系统无法向安全门系统发送开关门指令时,司机可选择就地控制盘控制功能进行安全门开关操作。

当运营中安全门发生故障时,司机、车站要及时做好广播,引导乘客上下车。

安全门故障的应急处理办法,按《安全门系统故障处理程序》的规定执行。

3. 恶劣天气下的列车运行

在恶劣天气(如暴雨、暴雪、洪水、高温和地震等)条件下的行车组织,以确保行车安全为原则,采取降低运行速度,严格控制一个站间区间只准同方向一列车占用的办法组织行车。

在恶劣天气条件下的行车组织处理程序具体按《自然灾害应急预案》的规定执行。

想一想

1. 安全门的作用是什么?
2. 城市轨道交通列车运营前准备工作有哪些?
3. 城市轨道交通列车出入车辆段/停车场的操作要求是什么?
4. 城市轨道交通出发操作有哪些模式?
5. 城市轨道交通线路运行模式有哪些?各自特点是什么?
6. 运营时间发生设备故障时,按什么原则进行处理?

练一练

在模拟驾驶装置上完成列车出站、运行、折返、入段、段内等作业操作。

附录　城市轨道交通常用名称或定义

序号	词汇	名称或定义
1	ATC	列车自动控制(automatic train control,ATC)
2	ATO	列车自动驾驶(automatic train operation,ATO)
3	ATP	列车自动防护(automatic train protection,ATP)
4	ATS	列车自动监控(automatic train supervision,ATS)
5	B型车	主要是按电客车车辆的外观尺寸区分。车长19 m(不含司机室)、车宽2.8 m,轴重≤14 t的地铁电客车。B2型车为接触网受电
6	CLOW	中央操作员工作站(local operator workstation,CLOW)
7	DMI	ATP系统的驾驶界面(driver machine interface,DMI)
8	DTI	发车表示器(departure time indicator,DTI)
9	ESB	站台紧急停车按钮设于站台柱墙上,与车控室内IBP盘上的紧急停车及报警切除按钮相连通,当发现行车不安全时,可立即按压控制电客车紧急停车
10	HMI	人机界面(human machine interface)
11	IBP	综合后备盘(integrated backup panel,IBP),设于车控室内
12	LCB	就地控制盒(local control box,LCB)
13	LOW	现场操作员工作站(local operator workstation,LOW)
14	PSL	就地控制盘(platform screen doors local control panel,PSL)
15	SSI	计算机联锁系统(synchronous serial interface,SSI)
16	安全门	由屏封和门组成,将车站站台与站台轨道间分隔开,使站台成为封闭式,当列车进站开车门时,开门上下乘客,列车关门时关门
17	备用车	准备上线替换故障列车或需要加开列车时使用的列车
18	车长	工程车按列车开行时,由两位司机担任,一名任司机驾驶列车,另一名任车长,指挥列车运行及监视装载货物的安全,推进运行时负责引导瞭望
19	车辆	指包括电客车、工程车、轨道平车、检测车等在轨道上运行的设备

续表

序号	词汇	定义
20	出/入/回车辆段(场)	列车由车辆段出发,头部越过 XJD1 或 XJD2 为出段。列车站出发沿入段线运行、头部越过 XJD1,或沿出段线运行、头部越过 XJD2 为入(回)段。列车由停车场出发,头部越过 XJC1 或 XJC2 为出场。列车出发沿入场线运行、头部越过 XJC1,或出发沿出场线运行、头部越过 XJC2 为入(回)场
21	道岔定/反位	正线道岔开通直股时为定位,开通侧股时为反位
22	电话闭塞法	因 SSI 故障,车站与车站之间凭电话记录办理闭塞手续,列车凭路票占用区间,司机凭车站发车手信号发车,以 NRM 模式驾驶列车运行的一种行车方法
23	电客车	指以电能为动力的,以载客运营为目的,以编组形式运行的地铁车辆
24	调车员	负责调车作业的指挥工作,按规定显示调车信号,推进运行时负责瞭望、确认信号
25	调度命令	调度员在调度指挥工作中对有关人员发出的要求其完成某些行动的指令。其中,指挥行车工作的调度命令称为行车调度命令,简称行调命令,分为口头命令和书面命令
26	发车(指示)信号	行车有关人员完成一个工作任务,因距离对方较远给对方显示"好了"信号说明任务完成了。或车站行车人员给司机显示发车信号表示车站已具备发车条件,告知司机可以发车了。司机还要根据列车的准备情况是否决定开车,所给的信号均称为(发车)指示信号。工程车在调车作业和在正线上运行时,调车员和车长给司机的信号或行车有关人员发现安全隐患要求司机立即停车的信号等均属命令式的信号,司机必须立即执行,就不能加"指示"两字
27	反方向运行	列车运行进路分为上行、下行方向运行,如违反常规运行方向则称反方向运行
28	辅助线	指在正线上与正线连接的渡线、存车线、折返线、联络线及出入场线
29	刚性接触网	将传统断面的接触网导线镶嵌在铝合金汇流排上,再悬挂于轨道上方给列车传输电能的架空线路
30	工程列车	指因运营生产的需要开行的由机车与按规定编组的车辆(包括电客车、单元车、单节车、轨道平车等)连挂而成的列车
31	关门车	临时发生空气制动机故障,而关闭截断塞门的车辆
32	轨道平车	指无动力、用于装载货物的轨道车辆,包括安装其他设备的轨道车辆
33	机车、工程车	指除电客车车组外,凡自身带有动力能独立行驶的轨道车辆。现阶段包括内燃机车、轨道牵引车、接触网检修作业车等

续表

序号	词汇	定义
34	驾驶模式	司机驾驶电客车所采用的模式。哈尔滨地铁1号线电客车共有五种驾驶模式：ATO、ATP、RM、AR、NRM。ATO模式：列车自动驾驶模式。ATP模式：ATP保护的人工驾驶模式。RM：限速（25 km/h）人工驾驶模式。AR：列车自动折返模式（automatic return）。NRM：非限制式人工驾驶模式
35	联锁	指信号系统中的信号机、道岔和进路之间建立一定的相互制约关系。如进路防护信号机在开放前检查进路空闲、道岔位置正确及敌对进路未建立等。信号机开放后，道岔不能动，这种相互制约的关系称为联锁
36	联锁进路行车	按始端、终端进路防护信号机构成的一条进路作为行车控制的分隔实施行车组织
37	列车	指按地铁运营需要编组的并有车次号的电客车车组、工程车、机车
38	列车运行图	根据运营时刻表铺画的运行图
39	区段行车法	将列车运行进路划分为若干个固定的区段，联锁站确认连续两个或连续两个以上相关区段空闲后，在车站LOW上排列联锁进路，列车按地面信号显示行车的一种行车方法
40	柔性接触网	在轨道上方由接触线、承力索、馈线、架空地线组成并向列车传输电能的架空线路
41	三车、二车、一车距离	指调车作业时，距离停留车或停车地点的距离。三车、二车、一车分别约为60 m、40 m、20 m
42	特殊情况	指信号联锁故障人工排进路组织列车运行时，或列车开到区间因故障要退回车站等情况
43	头端墙	按列车运行方向，列车停在车站时头部对应的车站土建结构端墙
44	推进	在列车尾部驾驶室操纵列车运行，或救援列车在被救援电客车尾部推进运行
45	退行	在非正常情况下，列车与原运行方向相反运行为退行，可以推进或牵引运行
46	尾端墙	按列车运行方向，列车停在车站时尾部对应的车站土建结构端墙
47	限界	保障地铁安全运行、限制车辆断面尺寸、限制沿线设备安装尺寸及确定的建筑结构有效净空尺寸的图形称为限界。根据不同的功能要求，分为车辆限界、设备限界和建筑限界
48	线路出清	线路巡视员巡查完毕或施工完毕时，施工负责人检查所有人员已携带工具及物料撤离行车或转换轨的某段线路，使该段线路可正常行车
49	信号机内方、外方	信号机防护的方面为内方，反之为外方

续表

序号	词汇	定义
50	信号机前方、后方	信号机显示的一方为前方,反之为后方
51	引导员	指电客车故障需要司机在尾部驾驶室驾驶时,在电客车前端瞭望,监控列车运行速度及运行安全与司机随时保持联系控制列车的运行及停车等。由司机担任
52	运营时间、非运营时间	运营时间指首班车发车时刻至末班车终到时刻之间的时间段。非运营时刻指末班车终到时刻至次日首班车发车时刻之间的时间段,包含收车时间、施工时间、运营准备时间
53	运营时刻表	列车在车站(车辆段/停车场)出发、到达(或通过)及折返时刻的集合